DISCLAIMER

The author and publisher are providing this book and its contents on an "as is" basis and make no representations or warranties of any kind with respect to this book or its contents. The author and publisher disclaim all such representations and warranties, including but not limited to warranties of merchantability. In addition, the author and publisher do not represent or warrant that the information accessible via this book is accurate, complete, or current.

Except as specifically stated in this book, neither the author nor publisher, nor any authors, contributors, or other representatives will be liable for damages arising out of or in connection with the use of this book. This is a comprehensive limitation of liability that applies to all damages of any kind, including (without limitation) compensatory; direct, indirect, or consequential damages; loss of data, income, or profit; loss of or damage to property; and claims of third parties.

FIRST EDITION - Published 2022

Extra Graphic Material From: www.freepik.com
Thanks to: Alekksall, Starline, Pch.vector, Rawpixel.com, Vectorpocket, Dgim-studio, Upklyak, Macrovector, Stockgiu, Pikisuperstar & Freepik.com Designers

This Book Comes With Free Bonus Puzzles

Available Here:

BestActivityBooks.com/WSBONUS20

5 TIPS TO START!

1) HOW TO SOLVE

The Puzzles are in a Classic Format:

- Words are hidden without breaks (no spaces, dashes, ...)
- Orientation: Forward & Backward, Up & Down or in Diagonal (can be in both directions)
- Words can overlap or cross each other

2) ACTIVE LEARNING

To encourage learning actively, a space is provided next to each word to write down the translation. The **DICTIONARY** allows you to verify and expand your knowledge. You can look up and write down each translation, find the words in the Puzzle then add them to your vocabulary!

3) TAG YOUR WORDS

Have you tried using a tag system? For example, you could mark the words which have been difficult to find with a cross, the ones you loved with a star, new words with a triangle, rare words with a diamond and so on...

4) ORGANIZE YOUR LEARNING

We also offer a convenient **NOTEBOOK** at the end of this edition. Whether on vacation, travelling or at home, you can easily organize your new knowledge without needing a second notebook!

5) FINISHED?

Go to the bonus section: **MONSTER CHALLENGE** to find a free game offered at the end of this edition!

Want more fun and learning activities? It's **Fast and Simple!**
An entire Game Book Collection just **one click away!**

Find your next challenge at:

BestActivityBooks.com/MyNextWordSearch

Ready, Set... Go!

Did you know there are around 7,000 different languages in the world? Words are precious.

We love languages and have been working hard to make the highest quality books for you. Our ingredients?

A selection of indispensable learning themes, three big slices of fun, then we add a spoonful of difficult words and a pinch of rare ones. We serve them up with care and a maximum of delight so you can solve the best word games and have fun learning!

Your feedback is essential. You can be an active participant in the success of this book by leaving us a review. Tell us what you liked most in this edition!

Here is a short link which will take you to your order page.

BestBooksActivity.com/Review50

Thanks for your help and enjoy the Game!

Linguas Classics Team

1 - Antiques

ל	ח	א	נ	ן	ט	פ	מ	י	ב	י	ט	ר	ו	ק	ד
צ	ן	מ	ס	כ	ח	פ	כ	ף	ע	ת	ו	ו	ר	ן	צ
ס	ג	נ	ש	נ	י	ח	י	ה	מ	א	ה	ז	ה	ר	ט
צ	ל	ו	ה	ס	ן	ט	ר	מ	א	ף	י	ח	כ	א	ב
ש	ח	ת	ו	ד	ת	ס	ה	מ	ח	י	ר	ש	ת	ד	א
מ	ד	ל	ת	ם	מ	ם	פ	ד	ה	י	ר	ל	ג	ל	א
ס	ג	נ	ו	ן	ל	כ	ו	ר	ע	פ	א	ף	ג	ו	ט
ם	י	ט	י	ש	כ	ת	מ	נ	ק	ה	ת	נ	ת	ן	ב
י	ב	ט	ע	י	ב	ו	ב	מ	ש	צ	ט	נ	ו	ם	ר
ר	ר	ו	כ	מ	ל	ע	י	מ	ה	י	ט	כ	כ	ח	ג
ו	ח	ט	ף	נ	נ	ב	ת	ם	ח	י	ע	ח	י	פ	ס
ש	ב	ג	ג	ן	ם	ט	ה	ש	ם	ש	פ	ן	א	ג	נ
ע	פ	ס	ר	ל	מ	מ	א	ת	ב	ש	ה	ש	ג	א	ם
ש	ע	ש	נ	ן	פ	ו	ד	א	צ	ו	י	ל	ב	ע	נ
ם	ר	מ	ר	ן	ן	ש	כ	ט	מ	ם	נ	ת	ע	מ	ס
ם	פ	ש	ט	ר	ר	ח	ן	ם	ש	ע	ט	א	צ	ר	ס

השקעה
תכשיטים
ישן
מחיר
איכות
שחזור
פיסול
סגנון
למכור
יוצא דופן

אמנות
מכירה פומבית
אותנטי
מאה
מטבעות
עשורים
דקורטיבי
אלגנטי
ריהוט
גלריה

2 - Food #1

ד	ל	ן	ן	ס	נ	ן	ם	א	ט	ה	ל	ם	ו	ש	ל
ב	מ	ט	ט	ש	כ	כ	נ	ן	ו	ש	פ	ת	ם	ם	י
ק	ר	מ	ה	ש	ה	ף	פ	ט	נ	ג	ת	ל	ן	מ	מ
כ	צ	נ	פ	ג	ת	ט	פ	ם	ה	ז	פ	צ	ב	ע	ו
ב	ח	ל	ה	ר	ס	ן	ב	ר	ר	ר	ן	ב	ו	ט	ן
א	ף	כ	ד	ו	ר	ד	מ	ת	ו	ה	מ	ל	ש	כ	ם
ב	ל	ט	כ	ח	י	ת	כ	ו	ע	מ	ל	ח	ר	ן	צ
ר	פ	ר	ג	ש	ח	א	ג	ת	ש	ב	ג	כ	ת	כ	ם
ק	י	נ	מ	ו	ן	כ	ש	ש	ם	א	ס	ב	א	ר	ב
נ	ת	ל	ה	ש	ג	ג	כ	ד	ט	ל	ס	מ	ס	ג	א
ף	ן	ל	ג	ג	פ	כ	א	ה	ב	מ	י	ג	ף	נ	ת
צ	מ	מ	ה	כ	ע	ת	נ	ש	ס	ץ	ר	ב	ע	ף	ת
פ	ה	ם	ע	פ	פ	ה	מ	ל	צ	ס	ס	ש	מ	ש	מ
ע	ס	ם	נ	ן	כ	כ	ר	ל	ד	ט	כ	ה	ת	ס	ה
נ	פ	ב	ל	ד	כ	ף	א	ה	ל	ם	נ	ן	ט	צ	ס
ד	צ	ל	ה	ה	כ	ע	ח	ח	ף	ח	פ	ה	ת	ס	ף

בוטן
אגס
סלט
מלח
מרק
תרד
תות שדה
סוכר
טונה
לפת

משמש
שעורה
ריחן
גזר
קינמון
שום
מיץ
לימון
חלב
בצל

3 - Measurements

ל	מ	א	א	מ	ע	א	ת	ע	צ	ם	ר	ג	כ	ש	ב
ע	י	ש	א	ט	ב	ן	ו	ט	ם	נ	ט	ט	ל	ש	ד
ד	ג	ט	ק	ר	ס	נ	פ	נ	כ	מ	מ	ש	ב	ד	ד
ע	ן	צ	ר	ל	פ	ס	ה	צ	ק	מ	ו	ע	ב	ד	ת
ל	מ	ט	א	א	ג	נ	נ	ל	ש	י	ל	א	ו	ר	ך
כ	פ	ה	מ	ט	מ	ט	ח	ף	מ	ה	י	ש	ף	כ	ב
א	י	נ	ץ	ב	ע	י	ע	ס	ג	ש	ק	ת	ס	ג	ה
ס	ד	א	ה	ג	ש	מ	ד	א	ט	ן	מ	ע	ף	א	ד
ד	ל	ס	ף	ש	ר	ט	ב	י	ת	ר	ה	ח	כ	ף	ק
ת	ת	ח	ב	ח	ו	ר	ג	צ	ה	ש	ף	ח	מ	נ	ה
ו	ע	ת	ס	ן	נ	ר	ב	ל	כ	ה	ם	ר	ס	כ	ב
א	כ	ה	ב	ף	י	ר	פ	כ	נ	ס	ן	ה	ד	נ	ו
ר	ט	פ	ם	ע	מ	ן	ד	צ	פ	ן	ר	ה	נ	ל	ג
ח	ם	נ	ב	נ	ט	ש	נ	ל	ח	צ	ה	א	ח	ח	ח
ן	ה	ג	ן	ג	א	מ	ס	ה	ק	י	ל	ו	ג	ר	ם
ד	ס	א	א	ת	ב	צ	פ	ט	ל	פ	ח	צ	ן	ג	נ

אורך
ליטר
מסה
מטר
דקה
אונקיית
טון
נפח
משקל
רוחב

בית
סנטימטר
עשרוני
תואר
עומק
גרם
גובה
אינץ
קילוגרם
קילומטר

4 - Farm #2

ב	ר	ו	ו	ז	נ	ם	ב	א	פ	י	ר	ו	ת	ש	ט
ל	ף	ח	ל	א	מ	ה	ע	י	ר	ן	ה	ש	ה	ע	ח
ח	ן	א	ט	ר	ש	ע	ל	כ	ע	ל	פ	ן	ה	ת	נ
ת	ם	נ	ס	ר	י	ת	ק	ר	י	ל	ג	ד	ו	ל	ת
ב	ל	ע	ס	ם	מ	צ	ח	ב	נ	ע	ט	ע	ה	צ	ר
צ	ן	ר	ג	ח	י	ט	ה	ט	פ	כ	ל	ע	ג	ף	ו
ט	ר	ק	ט	ו	ר	צ	י	ם	ל	כ	ה	מ	כ	ג	ח
ן	א	נ	ט	א	ש	ג	ק	מ	ז	ו	ן	ן	מ	מ	ל
ס	ע	ד	ף	ם	נ	נ	ש	נ	ה	ע	ה	ת	ת	מ	ש
ח	ת	נ	ת	ש	ל	ג	ה	ה	ה	ב	ג	ח	ל	פ	ר
ל	י	פ	ד	ע	ש	ט	כ	ה	מ	מ	ה	ס	ף	צ	מ
ב	ל	ו	מ	ו	ר	נ	ל	ו	ש	צ	א	ע	ד	ע	ס
ם	א	ל	ת	ר	נ	ג	ש	נ	ו	ב	ת	ה	ד	צ	ר
ן	פ	ה	ן	ה	ה	ת	נ	ע	כ	ר	ג	ן	ב	ה	ף
ה	ד	ח	כ	ב	ש	י	ם	ב	פ	כ	ת	ב	ן	ן	ע
ת	ד	ה	ש	ג	ט	ן	ם	ד	ב	ה	ש	א	ן	ם	ר

חיות	טלה
שעורה	לאמה
אסם	אחו
כוורת	חלב
תירס	כבשים
ברווז	לגדול
איכר	טרקטור
מזון	ירק
פירות	חיטה
השקיה	טחנת רוח

5 - Books

נ	פ	ל	ה	ב	ג	פ	ש	ם	ד	ד	א	ס	ס	ה	א
ר	ו	מ	ן	מ	א	פ	י	מ	ב	נ	צ	ל	ה	י	ת
י	ס	ד	ל	פ	צ	ש	כ	ר	א	ע	ם	ל	ה	ס	פ
ש	ם	ף	צ	ח	ר	א	ד	ס	צ	ש	נ	ש	מ	ט	ע
ה	צ	ר	ף	א	מ	י	ה	א	ב	ת	כ	נ	ט	ו	ה
ק	ר	י	י	ן	י	ט	ס	י	ר	ו	מ	ו	ה	ר	א
פ	ס	ו	ן	כ	נ	נ	מ	כ	ס	י	ג	א	ס	י	ט
נ	ע	ש	פ	כ	ש	ו	ד	ר	ף	ל	מ	ח	ב	ר	נ
ג	ד	צ	ת	י	ת	ו	ר	פ	ס	א	ד	ע	כ	ל	ע
מ	ב	ף	מ	ג	ס	ל	כ	צ	ו	ו	ן	ש	פ	ש	ש
ל	ר	נ	ן	מ	א	ר	ח	ד	א	ד	נ	ר	ש	ף	ש
ס	א	ת	ת	ה	ר	פ	ת	ק	ה	כ	ע	ת	י	ה	ן
ל	ה	ם	ר	ה	ו	א	ח	כ	ן	מ	ס	ס	ר	ש	ב
ן	ל	ב	ד	ף	ק	נ	ע	ג	א	ב	צ	ן	ה	מ	ר
ע	ט	ל	ר	ר	ם	ש	ה	ש	ס	כ	ן	ח	ס	ג	ד
ט	ר	ג	י	ת	צ	ע	ר	כ	ע	פ	ף	ם	פ	נ	מ

קריין
רומן
דף
שיר
שירה
קורא
רלוונטי
סיפור
טרגי
נכתב

הרפתקה
מחבר
אוסף
הקשר
דואליות
אפי
היסטורי
הומוריסטי
המצאה
ספרותית

6 - Meditation

מ	א	ל	ב	פ	ר	ד	מ	ת	מ	ט	ש	ט	ב	ה	ת
ו	א	נ	ע	כ	צ	ע	ר	כ	פ	ח	ב	ד	ר	כ	נ
ז	ף	ת	ר	ן	ג	ם	ן	ר	ס	ה	א	ו	ש	ר	ו
י	פ	א	ה	ל	צ	ת	ס	ד	י	ל	מ	מ	ש	ת	ע
ק	ם	ם	מ	ש	ס	פ	ע	ר	ט	מ	ש	ל	ף	ת	ה
ה	פ	ש	ס	ף	ק	ת	ו	כ	פ	ח	מ	ל	ן	ו	ש
ש	ע	ת	צ	ט	כ	ת	ג	א	ב	ו	פ	כ	ה	ד	ת
ל	ג	ו	י	פ	ף	ו	ר	ר	ג	מ	ט	ט	ט	ה	י
ש	ט	ב	ם	ג	כ	ש	ד	ף	ע	מ	ח	מ	ן	נ	ק
פ	ה	ש	ט	ב	ל	ג	כ	ע	א	ב	ם	ט	ד	ר	ה
צ	א	ח	ע	ס	א	ר	ב	ם	י	ל	ג	ר	ה	ס	ה
מ	צ	מ	ר	כ	ף	ס	ב	ף	נ	ן	צ	צ	ח	ק	ס
ה	ט	ל	ם	ו	ל	ש	ש	נ	ש	פ	ח	כ	מ	ב	א
ף	ב	ן	ן	ם	ף	פ	נ	נ	ח	ל	ע	ת	צ	ל	ח
פ	מ	ב	ן	א	ת	נ	ת	א	ה	ל	ח	ל	כ	ה	ם
ע	ב	ט	נ	ר	ט	ס	ט	ה	ע	א	פ	כ	נ	ש	צ

נפש
מוח
תנועה
מוזיקה
טבע
שלום
פרספקטיבה
שתיקה
מחשבות
ללמוד

קבלה
ער
רגוע
בהירות
חמלה
רגשות
הכרת תודה
הרגלים
אושר
חסד

7 - Days and Months

מ	ת	ף	צ	ל	ו	ח	ש	נ	ה	ר	ע	כ	ד	פ	א
פ	ר	כ	ת	ף	פ	ח	א	ו	ק	ט	ו	ב	ר	ר	ד
ם	ס	ץ	ע	צ	מ	ו	ס	פ	ט	מ	ב	ר	פ	מ	ן
י	ו	ם	ש	ב	ת	ד	ל	ר	ל	פ	ש	י	ף	ם	ע
ע	ש	ת	ת	ת	ל	ש	ה	פ	פ	ט	ע	ו	ל	ב	כ
ת	צ	י	י	ו	ם	ר	א	ש	ו	ן	ל	ל	כ	ש	ם
א	ח	ש	ל	י	ר	פ	א	ג	ר	ד	כ	י	ב	מ	י
ו	ן	ף	ר	ש	פ	ב	ר	ו	א	ר	ד	פ	ן	ף	ו
ג	א	ף	ט	צ	ם	י	י	ו	ם	ש	י	ש	י	מ	ם
ו	ת	ר	ב	מ	ב	ו	נ	ם	צ	ג	ן	ע	ה	ע	ר
ס	ן	ש	נ	נ	ח	א	י	ו	י	ו	ם	ש	נ	י	ב
ט	ג	פ	כ	ט	צ	ש	ם	מ	א	ת	ג	ע	ש	ה	י
ד	ע	ת	ד	ן	צ	ג	ח	ר	כ	ר	ף	ט	ף	ש	ע
ב	א	מ	ח	א	ם	ן	ע	ן	ם	א	ח	ת	מ	ת	י
פ	ף	ר	ן	ב	מ	פ	ס	מ	ס	א	ף	פ	ע	ט	ע
ן	י	ו	ם	ח	מ	י	ש	י	צ	נ	ל	נ	ף	ד	ס

אפריל
אוגוסט
לוח שנה
פברואר
יום שישי
ינואר
יולי
מרץ
יום שני
חודש

נובמבר
אוקטובר
יום שבת
ספטמבר
יום ראשון
יום חמישי
יום שלישי
יום רביעי
שבוע
שנה

8 - Energy

ש	כ	ן	ח	א	פ	ב	ר	ן	ג	נ	ע	כ	ה	פ	ר
ד	ה	ן	פ	ח	ו	ד	ף	כ	ב	ח	ו	ר	ל	ס	מ
א	מ	ש	ג	ב	ט	ב	פ	ש	מ	ו	ט	א	מ	ל	ם
נ	ע	א	ם	ם	ו	צ	ע	א	י	ם	ק	ה	ב	ד	צ
ט	ל	ס	צ	ס	ן	ת	ד	ח	מ	ל	ן	י	ז	נ	ב
ר	ש	פ	צ	כ	ל	ד	ם	ת	ן	ת	מ	י	ט	ם	ף
ו	ג	ד	ת	א	ז	ה	ט	נ	ו	ב	ג	ש	ג	ו	ע
פ	ב	ל	ח	מ	י	נ	י	ע	ר	ג	צ	ע	ח	ה	ר
י	נ	ק	ח	ת	ד	י	צ	ם	ט	מ	ף	ת	ם	י	ה
ה	א	א	ל	פ	מ	ב	צ	ע	ק	נ	ת	א	ר	ז	ש
ת	ר	ג	ד	ן	כ	ר	ה	ל	ל	ו	ס	ב	י	ב	ה
ס	ף	ל	נ	ב	ט	ו	ש	ן	א	ע	ב	ף	ם	ר	ר
ף	צ	ש	ף	ן	ם	ט	ד	מ	ת	פ	ח	מ	ן	ח	ן
ל	א	ף	ם	ב	ד	ס	ג	ד	ת	ף	ם	צ	ה	כ	ח
צ	ר	ע	צ	ר	ט	ל	ה	ט	ש	ה	ד	צ	מ	ג	ן
ר	ה	ת	א	צ	ב	צ	ה	ע	ה	צ	מ	פ	ת	ן	ד

מימן
תעשייה
מנוע
גרעיני
פוטון
זיהום
מתחדש
קיטור
טורבינה
רוח

סוללה
פחמן
דיזל
חשמלי
אלקטרון
אנטרופיה
סביבה
דלק
בנזין
חום

9 - Chess

ע	ג	ג	ם	ס	כ	ה	ם	ש	מ	ר	א	מ	ף	א	א
פ	כ	ן	ט	ן	ט	מ	נ	ט	ל	א	ך	א	ש	ס	ם
ת	ף	ש	ב	ה	ש	ח	ו	ר	כ	ד	ל	א	ש	ט	פ
ג	כ	ב	א	ר	נ	צ	ד	מ	ה	פ	מ	ו	צ	ר	ט
ס	ש	נ	ב	ב	ד	ע	ל	ט	כ	צ	ת	ל	ף	ט	ע
מ	ג	ה	ע	ם	ב	ב	ז	מ	ן	ט	ח	ל	ה	ג	א
ן	פ	ט	ג	ר	כ	ה	ן	ש	ו	א	ר	מ	ט	י	ס
א	ת	ג	ר	י	ם	ג	ר	ר	ס	פ	ו	ו	א	ה	ף
מ	ש	ח	ק	ר	ב	א	נ	ב	כ	ט	ת	ד	ם	ש	צ
ה	נ	פ	ס	י	ט	ס	ם	י	ל	ל	כ	נ	ל	ח	פ
ה	ק	א	ס	ס	נ	ת	ח	ר	א	מ	ד	ן	ע	ק	ב
ה	נ	ר	ג	פ	פ	ע	ן	י		ם	כ	ב	ה	ן	ב
מ	ב	ר	ב	ב	ע	ר	ח	ש	צ	נ	ג	ר	ט	ב	כ
צ	א	ע	צ	ה	צ	ט	ט	ן	מ	צ	ר	ג	ש	ל	ב
ף	ט	ע	מ	ט	ת	ח	כ	מ	ת	ו	ד	ו	ק	נ	ב
ב	מ	ד	ס	ס	ל	מ	ש	פ	כ	ט	ת	ח	ט	ח	צ

שחור
אתגרים
אלוף
תחרות
אלכסון
משחק
מלך
יריב
פסיבי
שחקן

נקודות
מלכה
כללים
הקרבה
אסטרטגיה
זמן
ללמוד
טורניר
לבן

10 - Archeology

ן	ן	ב	ן	ן	ר	ד	ל	ב	ס	ד	מ	ר	ח	צ	ף
צ	מ	ח	א	צ	א	צ	ף	ה	מ	ו	ל	ע	ת	י	נ
ל	א	י	ד	ו	ע	ו	נ	ט	ק	ף	ח	מ	ו	ב	ע
ש	ש	ע	י	ד	ן	ם	ב	ש	ד	ט	ר	ף	ו	י	ס
ג	ר	ב	ע	צ	מ	ו	ת	י	ש	ט	ב	ג	צ	ל	ש
ל	ם	מ	ר	ק	ו	ח	ש	ס	י	צ	ם	ב	ל	י	ה
ם	ח	א	ו	י	ט	ב	ל	ף	ט	ק	ג	כ	ח	ז	ן
צ	כ	ת	ס	ש	ם	י	א	צ	מ	מ	ט	כ	ד	צ	ר
פ	ג	מ	פ	ר	ה	ע	ר	כ	ה	ס	ב	י	ע	י	ס
ש	ע	ת	ו	י	ל	צ	ד	ל	א	ג	ב	ל	ם	ה	ס
מ	ף	ת	ר	ד	ר	פ	ש	ח	ט	ב	ר	צ	ם	ח	א
ר	נ	ג	פ	ב	ע	ת	י	ק	ו	ת	צ	ק	ת	מ	ט
ן	ה	ס	ג	ע	צ	ח	כ	ף	כ	ת	נ	ב	ד	ו	ש
ע	ש	ג	ה	צ	ב	מ	נ	ל	ת	כ	י	ר	ט	מ	ה
ן	ן	ד	מ	מ	ח	ל	ת	ר	כ	ר	ח	נ	ל	ד	ר
מ	א	ו	ב	ן	ל	צ	ה	ל	נ	ל	ר	ן	ב	ב	ע

שברים
תעלומה
אובייקטים
פרופסור
שריד
חוקר
צוות
מקדש
קבר
לא ידוע

ניתוח
עתיקות
עצמות
ציביליזציה
צאצא
עידן
הערכה
מומחה
ממצאים
מאובן

11 - Food #2

ש	ש	ן	ה	ן	ע	ד	ע	ם	ח	ע	ת	ג	ם	ל	ש
ד	א	ח	א	ר	ט	י	ש	ו	ק	ב	ת	כ	פ	כ	ו
ג	א	כ	ד	ה	ם	ן	ן	מ	ג	ת	ל	ט	ש	ן	ק
ה	ם	ר	ה	נ	נ	ב	כ	ף	ף	ף	ע	ד	פ	פ	ו
ת	ח	ח	נ	צ	א	ד	נ	פ	ה	א	ל	כ	ל	ף	ל
ס	ע	ו	י	ע	ר	ב	ם	ף	ס	מ	ב	ש	ס	א	ד
ן	ג	פ	ב	ט	ש	ו	כ	ח	ב	ע	ף	א	א	ב	ר
ס	ה	ת	ג	ש	ה	ד	מ	כ	ע	ו	ף	י	מ	ר	ס
ק	י	ו	ו	י	י	ם	פ	נ	כ	א	כ	ו	ה	ו	ס
ח	י	ג	ה	צ	י	ב	ע	ם	צ	ע	ש	ג	ט	ק	ר
ן	נ	ף	ה	ב	ר	ט	ת	ה	ת	ד	א	ו	ן	ו	מ
ט	ב	א	כ	ח	ט	ר	מ	ש	ש	ף	ג	ר	צ	ל	ח
מ	ג	ש	פ	ש	פ	פ	נ	ח	ר	ס	ט	ט	ע	י	צ
מ	ע	כ	כ	ט	ב	ב	צ	ס	ג	ל	ב	פ	ח	ם	י
ס	ס	ש	פ	א	צ	ף	מ	ר	ז	ר	ו	א	א	ל	ל
ת	ג	ן	ד	ה	ס	ב	ע	ף	ת	י	ד	ב	ף	צ	ה

תפוח
ארטישוק
בננה
ברוקולי
סלרי
גבינה
דובדבן
עוף
שוקולד
ביצה

חציל
דג
גפן
חם
קיווי
פטרייה
אורז
עגבנייה
חיטה
יוגורט

12 - Chemistry

ג ל ג א ג ם ף ע ת ע ף ת מ מ ם נ
ר ף ר ע ר ו ל כ פ ח מ ן ו ש ר ר
ע ב ד ן י י ל ק ל א ל ח ל ק מ כ
י ג ה ר ו ט ר פ מ ט ח ה ק ל ד מ
נ ת ח כ כ ב נ ח ר ע צ ם ו ת ת ף
י ם ם י מ ו ט א י מ ע ף ל ל נ ג
א ב ט נ ן ם ח ח ו צ נ ל ה א ב ד
צ ם ע ג נ פ צ ח ן ב ת ט ן מ י מ
ט ס ד ר ס ד ד ב ו ת צ ן צ ש צ א
מ ד ן ו מ ש ף ן ר מ ה פ מ ם ע ל
כ ם פ א ש ט ף נ ט ר ת ה ח ז ר ז
ע ף ש ה ס ת ל ן ק א פ ד ד ש ג ו
ש פ ה כ פ ל מ נ ל ם ר פ ש ט מ נ
כ מ ג ת ס כ ע ש א ח ל ס ב ע ד ג
כ נ ה ג מ ן ה כ ו ל ע ה ח ת צ פ
ס ן א א נ ז י ם צ ש ט ת ה ש פ ד

חומצה
אלקליין
אטומי
פחמן
זרז
כלור
אלקטרון
אנזים
גז
חום

מימן
יון
נוזל
מולקולה
גרעיני
אורגני
חמצן
מלח
טמפרטורה
משקל

13 - Music

ז	כ	ד	א	ל	צ	ר	ם	מ	ש	מ	ח	פ	ט	ה	ב
מ	ב	ע	א	פ	י	ב	צ	ק	ב	ן	ח	ס	כ	ק	ל
ר	צ	ב	ו	ד	ו	ר	ל	ה	נ	י	ג	נ	מ	ל	ד
א	ן	ט	פ	ח	ד	א	י	ל	ט	א	ב	ג	ד	ט	ה
ע	ב	צ	ר	ח	ף	ד	ט	ה	ט	ק	כ	ג	נ	ה	ן
כ	א	ף	ה	ג	מ	ח	ד	י	מ	י	מ	ם	מ	צ	ן
ה	ר	מ	ו	נ	י	ר	ע	ה	ן	ז	ע	ם	ת	ט	נ
א	מ	ג	כ	ן	ס	ף	נ	נ	ר	ו	ן	ע	ל	פ	כ
ק	ז	ם	צ	ח	.	ף	ן	א	א	מ	ן	ס	ש	ר	נ
ל	ח	ם	ל	ס	א	ס	ל	ע	ג	ב	ו	צ	ם	ט	ת
ק	מ	א	א	א	_	ת	ף	נ	ג	ב	פ	נ	ה	צ	ת
ט	ל	ח	ל	ם	ל	ת	ס	ם	ל	ף	ו	ש	י	נ	נ
י	ד	ד	ב	ק	ק	מ	ש	צ	ס	ת	ר	ף	צ	ה	נ
ה	מ	ר	ו	ו	מ	ר	כ	ף	א	ל	ק	כ	כ	ה	ד
ף	מ	מ	ם	ל	ב	מ	ש	צ	צ	ע	י	כ	ב	ב	ס
ק	צ	ב	י	י	ב	ר	א	א	ט	ה	מ	ף	ס	ן	ה

מחזמר
מוזיקאי
אופרה
פואטי
הקלטה
קצב
קצבי
שר
זמר
קולי

אלבום
בלדה
מקהלה
קלַאסִי
אקלקטי
הרמוני
הרמוניה
לירי
מנגינה
מיקרופון

14 - Family

א	ח	י	י	נ	י	ת	ו	ד	ל	י	ם	מ	ל	ם	א
ד	ל	י	ר	ל	כ	ב	ט	צ	ח	ה	ד	ן	ת	צ	א
ן	ו	מ	ד	ק	ב	א	ב	א	ט	מ	כ	ט	ע	ע	ח
ף	ע	ד	ע	ח	ר	ן	ם	ע	ה	י	ף	ט	ש	ע	י
ע	ע	כ	ה	פ	ד	ט	א	ע	ע	א	נ	ד	ר	ד	י
ד	ר	פ	ד	מ	ו	כ	נ	ד	ה	ל	ח	ב	ת	א	ן
ר	ן	ח	ע	ל	ד	צ	פ	כ	פ	א	ם	ן	ל	ג	ה
א	א	פ	ח	ף	ה	ב	ט	כ	ד	א	ג	ד	ט	ת	ג
ע	ב	ב	צ	ן	ג	ע	ח	ף	א	ש	ר	ו	ף	ם	פ
ט	ס	פ	ה	ף	ה	ד	ג	ע	ס	ה	נ	ד	א	ם	ת
ן	א	ב	ם	י	ד	ל	י	א	י	מ	א	א	ח	א	מ
צ	ח	ת	ד	ד	ר	ע	ף	נ	ל	ם	ב	ט	ו	ן	ם
ף	א	ט	ף	צ	ב	ב	ב	ה	ף	ף	ם	ג	ת	פ	ה
ם	ף	צ	ת	מ	ט	ש	ן	ט	ל	כ	א	ע	ם	ג	צ
ר	נ	ל	ש	ם	ן	ב	כ	ע	כ	נ	א	ח	ת	צ	נ
ג	ש	ש	ל	ס	ט	ש	ף	ע	נ	ח	ם	כ	ה	ס	נ

אב קדמון
דודה
אח
ילד
ילדות
ילדים
בן דוד
בת
אבא
סבא

נכד
בעל
אימהי
אימא
אחיין
אחיינית
אבהי
אחות
דוד
אשה

15 - Farm #1

ט	ג	ט	נ	א	ה	נ	ס	ף	ד	נ	ן	ח	פ	מ	ג
ש	ע	ט	פ	ף	א	ב	ט	ו	ר	ב	ר	ו	ע	ם	א
ם	ת	ם	צ	ב	צ	ן	כ	ע	ס	ה	ש	ח	ב	ג	נ
ח	צ	י	ר	ר	ה	ס	ר	ד	נ	ב	ג	מ	ף	ש	ן
ם	נ	מ	מ	ם	פ	ע	ט	ר	ג	ד	ר	ו	ף	ה	ש
ר	ד	נ	ד	ג	ה	פ	ף	ל	ח	ג	פ	ר	ר	ן	ר
ל	ש	ב	ח	ס	פ	ר	ן	ן	ו	ז	י	ב	צ	ב	כ
ש	ן	ת	ן	א	ש	ה	ד	ש	ח	ת	ו	ל	ג	ע	ד
ג	צ	ן	ע	ר	ע	ר	ף	ד	ף	ו	כ	כ	ר	צ	ב
א	ם	ב	א	ג	ס	ו	א	ס	ם	א	ל	ה	צ	כ	ש
ט	ף	ש	נ	נ	ם	ב	ע	ן	ם	ל	כ	ף	ג	ז	ט
ד	ף	ם	ע	ז	ר	ד	ם	ס	ס	ק	כ	ט	ם	ר	נ
ס	ס	פ	ם	ס	ת	א	ב	א	ש	ח	ן	ג	ף	ע	ר
נ	ע	ת	ס	ם	ף	ה	כ	ף	ו	ע	ס	ב	ף	י	ט
ם	ף	ש	ל	ף	ג	ג	ר	ה	ם	ר	ר	צ	ד	ם	פ
ע	ם	ע	נ	ף	ר	ע	ש	ן	פ	צ	ז	ט	נ	ט	ס

גדר
דשן
שדה
עז
חציר
דבש
סוס
אורז
זרעים
מים

חקלאות
דבורה
ביזון
עגל
חתול
עוף
פרה
עורב
כלב
חמור

16 - Camping

ר	ד	ב	א	ש	ח	ב	ל	פ	ע	מ	ת	נ	ש	ט	נ
ב	נ	ע	ע	ע	ט	כ	ס	ו	ע	נ	ף	ם	פ	ע	נ
נ	ט	א	כ	א	צ	ד	ר	נ	ת	ג	ד	מ	ע	ד	ל
ט	ב	ש	ס	ר	ע	כ	ל	א	ו	ה	ל	ד	ל	נ	ת
כ	ע	ה	ב	ן	ר	ג	ף	ק	ת	ף	י	כ	ד	ר	ס
ב	ו	ף	צ	ב	ס	ן	ט	ר	ל	ף	ר	ע	י	ן	ש
ל	ט	ב	ד	ס	ל	ם	ב	ח	ע	ן	ח	ג	צ	ם	ל
ג	כ	ב	ע	ם	ת	ת	ג	ע	צ	ב	ט	פ	ת	ב	ם
א	ג	ם	ג	ל	ן	מ	פ	צ	י	ט	ר	ט	כ	א	ר
ן	נ	ן	ף	פ	ף	ג	נ	ד	ם	ה	פ	ל	ט	ד	ה
א	פ	ע	ב	ד	ב	צ	ס	ש	ש	מ	כ	ג	צ	ר	ר
ף	ח	י	ו	ת	ן	ה	נ	ט	א	ע	ר	ב	ט	ע	צ
ח	ל	ס	ע	ח	ה	ן	א	ה	ן	ג	צ	ף	כ	כ	ס
ם	ל	ן	כ	ח	כ	ב	פ	ש	ם	ח	צ	ף	ל	ר	ם
ל	ת	כ	ע	מ	ן	ן	ד	צ	ש	ע	ס	ה	ש	ח	ב
א	ט	ה	ר	פ	ת	ק	ה	פ	מ	ג	ש	ה	מ	מ	ג

ציד
חרק
אגם
מפה
ירח
הר
טבע
חבל
אוהל
עצים

הרפתקה
חיות
תא
קאנו
מצפן
אש
יער
כיף
ערסל
כובע

17 - Algebra

ג צ ן ג פ ס פ ג ס ם ר ק ש ח ר ד
ג ו ר ם ד ת ה ר נ ו ף ן ש ה ד ד
ד ף ן ס ל ף ל כ ב ה ח ט א צ ם ט
ט ן ם ע ש ף א י מ ר ר ו ס י ח ש
ב ד ף ט כ צ ח ש ע ת ט ג פ ר ת ת
ר ף ס פ צ ה ן ן ב ה ש ם א ט ל נ
ע צ ו י פ ו ס נ י א מ ה צ מ ן ל
פ ג ג מ ר ב ש ש ג ע ח ג ס פ ס פ
ע ד ר ש פ ף ר ג ר ה ן ו ר ת פ ש
ע פ י ו ס ט ח י נ ף ג ג ף ה ה ט
ט נ י ו מ ר ך ן ו י ר א י נ י ל
ר א ם א ב ע כ ל ס ם ם ה ט ת ר ט
ל כ ן ה ב ב כ צ ח פ ה ר ס ש ל ף
ם כ ט ע ג ב ע י ה ד צ פ ע מ ה צ
ם ח ם ס ד ף ב ס פ ר ד ה נ ם ס ח
כ ע נ צ ג נ ש ס ס ט כ ם י ש ר ת

ליניארי
מטריצה
מספר
סוגריים
בעיה
לפשט
פתרון
חיסור
משתנה
אפס

חיבור
תרשים
משוואה
מעריך
גורם
שקר
נוסחה
שבר
גרף
אינסופי

18 - Numbers

ר	ף	ש	ס	ת	כ	ש	ר	ש	ע	ה	ע	ב	ר	א	ט
ב	מ	נ	ה	נ	ו	מ	ש	ל	ו	ש	נ	ל	ן	ה	ל
ס	ע	י	ר	ף	ר	ת	ע	ש	צ	ס	ד	ב	א	ן	פ
ב	נ	ם	ש	פ	ס	ה	ה	ב	ח	ש	צ	צ	ן	ח	ה
ח	א	ע	ע	ש	ת	פ	נ	ע	ב	ר	א	ה	נ	פ	ד
ף	ב	ש	ע	ג	ח	ע	ו	ע	ד	ש	ט	ת	ה	ש	כ
ה	ה	ר	ש	ט	ע	ל	מ	ש	ל	ע	ד	ג	ן	ש	ט
ח	ב	ס	ת	ד	ר	ש	ש	ר	כ	ה	ש	ה	א	ד	ר
ט	ע	ש	ר	י	ם	ש	ב	ה	ס	ש	ש	ר	ע	ף	א
ר	ס	ן	נ	ם	י	פ	ע	ע	ל	י	א	ש	ש	א	ב
ר	כ	ג	א	ע	י	ד	ה	ת	ג	מ	צ	ע	ר	ט	ד
ת	ג	ן	צ	מ	ת	ן	צ	ב	מ	ח	מ	ש	ו	ע	ם
ט	ם	ד	א	ס	ש	ט	ש	ר	א	ע	א	ש	נ	ל	ף
ש	ל	ו	ש	ע	ש	ר	ה	נ	ב	ם	ע	א	י	א	ח
ח	ש	ר	ש	ש	ף	ף	מ	צ	ה	ח	ב	ן	נ	צ	כ
ן	ב	ע	ד	ש	ה	ן	א	ג	א	ם	ת	ט	ד	ג	פ

שבע
שבע עשרה
שש
שש עשרה
עשר
שלוש עשרה
שלוש
שנים עשר
עשרים
שתיים

עשרוני
שמונה
שמונה עשר
חמישה עשר
חמש
ארבע
ארבעה עשר
תשע
תשע עשרה
אחד

19 - Spices

א	מ	ף	ם	ד	ר	א	ט	ל	ף	ר	ה	מ	ל	פ	א
ל	ב	ר	ת	כ	ר	ג	נ	י	ג	ב	ם	ח	פ	ל	ף
ע	ן	ל	ה	מ	י	פ	ף	מ	ז	ע	פ	ר	ן	ט	ף
ם	ט	צ	ט	ו	ר	ת	מ	ק	א	ר	י	ק	ו	ת	מ
א	צ	ג	כ	ן	מ	ט	ש	ו	ש	ק	מ	א	א	ח	ב
ה	ל	ת	ל	ו	מ	ן	ט	ן	ה	כ	ת	ת	נ	ו	מ
נ	ם	ה	ת	מ	ד	ח	ר	ג	ט	ם	ן	ת	ס	ן	ש
ח	ס	ה	ו	נ	י	ל	צ	ב	ע	ן	מ	ב	מ	צ	כ
ד	א	א	ג	י	מ	מ	ס	ט	ם	ב	ר	ד	י	ד	נ
פ	ב	כ	פ	ק	ט	פ	ע	ן	צ	ה	מ	פ	ש	ש	ם
ר	ט	פ	צ	צ	ד	נ	צ	פ	ד	ד	ו	פ	ס	כ	ס
ם	ח	ע	ס	ף	כ	ם	ו	ש	ס	ר	ט	ק	ס	ו	מ
ר	ם	כ	ר	מ	ו	ש	ה	נ	ן	ס	י	נ	א	ם	ע
ט	ע	א	ן	ה	ב	ט	מ	ף	ג	ע	ד	ח	ט	ש	ע
ע	ת	ן	ת	ה	ת	ה	צ	ש	פ	ג	ל	ם	ף	ט	ה
מ	ב	ם	ף	ת	נ	ב	פ	ן	כ	מ	פ	ב	ת	א	ר

שום
ג'ינג'ר
שוש
מוסקט
בצל
פפריקה
זעפרן
מלח
מתוק
וניל

אניס
מריר
הל
קינמון
ציפורן
כוסברה
כמון
קארי
שומר
טעם

20 - Universe

ר	ס	ל	כ	ם	א	ע	ג	ל	ע	פ	ו	ק	ס	ל	ט
ק	א	ן	כ	ג	ל	ג	ל	ה	מ	ז	ל	ו	ת	ל	ה
י	ב	ט	ח	ש	ם	ן	ק	ד	ף	ב	ח	ו	ר	ו	ק
ע	ם	מ	ט	ם	נ	כ	ס	ע	צ	א	ת	ם	ע	ב	א
ס	ש	צ	ר	מ	ט	ה	י	ס	ם	כ	א	ך	ש	ו	ח
ן	ת	א	ו	ו	י	ר	ה	נ	ת	ו	ה	ף	מ	ס	צ
ג	ע	ד	ן	ף	ו	פ	מ	ח	פ	ה	ג	א	ש	ש	ַ
א	צ	צ	פ	פ	ל	ס	נ	ק	מ	ף	ט	ס	ס	ט	ֵ
ם	ן	ס	ד	ג	ג	י	ן	ם	א	ת	פ	צ	ל	א	נ
פ	ם	ע	פ	ל	מ	מ	ל	ס	ם	ג	ע	ל	צ	א	נ
ע	י	מ	י	מ	ש	ה	ט	א	ס	ט	ר	ו	א	י	ד
ת	ט	נ	ס	ף	ט	ר	ב	ל	מ	ס	ת	ל	מ	ר	פ
ן	מ	ה	כ	ד	ו	ת	ל	ס	ן	ט	צ	ס	ע	ח	צ
ג	ה	ד	ם	נ	ע	ף	ל	ע	ה	ג	ו	מ	ש	ם	ר
ס	ת	ג	ו	ד	ש	נ	ב	צ	ן	ק	ך	ו	פ	י	ה
ת	נ	ם	ר	ה	ע	ה	י	מ	ו	נ	ו	ר	ט	ס	א

אופק
קו רוחב
ירח
מסלול
רקיע
שמש
היפוך
טלסקופ
גלוי
גלגל המזלות

אסטרואיד
אסטרונום
אסטרונומיה
אווירה
שמימי
קוסמי
חושך
נֶצַח
גלקסיה
המיספרה

21 - Mammals

נ	ט	ג	ב	ש	פ	מ	כ	ן	ז	ד	ח	ע	פ	א	ת
ל	ד	ד	ם	ש	ם	ק	ב	ת	א	ח	ה	ל	ם	א	ה
ן	ט	ו	ח	ל	ת	נ	ש	ב	ב	א	ר	נ	ב	ר	פ
ם	ה	ל	ו	ת	ח	ג	י	ו	ע	א	ר	ל	ו	י	פ
ה	ע	פ	ח	ח	צ	ו	ם	נ	ר	כ	ע	ל	ד	ה	ג
ה	ל	י	ר	ו	ג	ר	ב	ה	ב	ל	ו	ו	י	ת	ן
ש	ע	ן	נ	י	ט	ו	ט	ס	ו	ק	ו	ף	צ	ט	ף
צ	ו	צ	ח	ח	ג	ד	צ	מ	ת	ז	ב	ר	ה	ד	ש
ה	ש	ש	ה	כ	ש	ע	ע	ז	ל	ל	ש	ף	פ	ר	ל
ר	ס	פ	ר	ל	י	פ	א	ת	א	ד	ס	ר	נ	מ	ב
א	ר	ו	ש	ב	ד	נ	ר	ט	ד	ב	ט	א	נ	ב	ם
כ	ב	ג	ס	ד	ת	ח	ח	ג	צ	ט	ח	ם	א	ח	ג
ע	ם	ם	ם	נ	ל	ה	א	ת	ד	ט	ן	ר	פ	ת	ש
ע	מ	ם	כ	ה	ת	ח	ר	נ	ם	ף	ה	ת	ט	צ	צ
ן	א	כ	ע	ן	ש	ח	ש	ל	כ	ת	ף	ה	ס	נ	נ
ח	ת	ד	א	ט	ת	ב	ב	ע	ר	א	ש	ל	פ	ג	ר

גורילה
סוס
קנגורו
אריה
קוף
ארנב
כבשים
לוויתן
זאב
זברה

דוב
בונה
שור
חתול
זאב ערבות
כלב
דולפין
פיל
שועל
ג'ירפה

22 - Restaurant #1

ס	ט	ד	ד	ל	ס	ג	ם	ם	כ	ה	ח	ם	ר	ב	ף
א	כ	מ	ל	צ	ר	י	ת	נ	ג	ל	א	כ	ו	ל	פ
ח	ת	י	ג	ט	ד	ד	ן	ע	ח	ר	ג	ן	ח	ם	ע
צ	ס	צ	ן	פ	מ	א	ס	ר	ס	ו	ס	ר	ב	צ	ף
ע	ל	ג	ה	ש	ח	א	ה	כ	ט	ט	י	ר	פ	ת	ף
מ	פ	י	ת	ש	ל	נ	ע	פ	ה	ב	מ	ז	ו	ו	ן
ט	ף	ח	ד	ע	ת	א	ו	מ	ר	כ	י	ב	י	ם	פ
צ	ל	ג	נ	ה	ה	ח	ף	ם	ן	ף	ד	פ	ר	פ	פ
ח	ר	י	ף	ח	ה	ר	פ	פ	ש	ק	ו	פ	א	י	ת
ר	ק	י	נ	ו	ח	א	ח	ר	א	ת	ש	ב	מ	א	פ
ב	ס	ה	ט	ד	ם	ח	ל	ת	ל	ע	מ	ה	ר	ס	ה
ג	כ	ב	צ	ל	ח	ת	ה	ר	ה	ט	ט	ף	פ	ל	ם
ת	ה	ש	א	כ	כ	ב	ט	נ	ג	צ	ב	ם	כ	ג	ף
ש	ה	ר	ע	ק	פ	ה	ת	ף	מ	י	ח	כ	א	נ	נ
ח	ם	ם	ב	ר	צ	ע	ן	ט	ב	ת	ה	נ	מ	ז	ה
ג	ג	ט	א	ב	נ	פ	מ	ג	צ	ש	ח	ה	ל	ר	ס

אלרגיה
קערה
לחם
קופאית
עוף
קפה
קינוח
מזון
מרכיבים
מטבח

סכין
בשר
תפריט
מפית
צלחת
הזמנה
רוטב
חריף
לאכול
מלצרית

23 - Bees

ף	צ	נ	א	מ	ם	ב	ג	ף	ט	ד	ג	ח	כ	מ	כ
ל	ר	מ	ף	פ	ר	ח	י	ם	ב	ח	ן	י	ע	ש	ן
ב	צ	ר	ש	ט	ה	א	ה	ש	מ	ש	ט	ף	ו	ח	ג
ג	ר	ם	נ	א	ל	ם	ש	ב	ח	ש	ל	נ	ם	ו	ד
צ	כ	ח	מ	ת	ר	ד	ם	ד	מ	ש	ע	ו	ו	ה	ן
ס	ה	ע	ש	ב	ד	ס	ש	פ	ד	ף	מ	ס	צ	ק	צ
ב	ל	נ	ג	ף	ת	צ	ש	ח	ע	ב	ס	ט	מ	ב	ח
ח	ל	ח	ל	ט	ס	ר	ד	ט	ע	ן	פ	ל	ם	א	ן
ג	ב	ם	ם	ט	נ	פ	ת	ר	ו	ו	כ	ע	מ	ם	ע
מ	א	ב	י	ק	ע	ט	מ	ו	ע	י	ל	א	נ	כ	ף
ח	ע	ה	ר	ח	ב	ס	כ	ש	ר	ן	פ	ף	ח	ד	ד
כ	נ	נ	ל	ן	מ	ב	נ	ה	ח	י	ר	פ	י	ב	מ
ן	פ	מ	פ	ב	ש	צ	פ	ד	ב	ב	פ	פ	ל	ח	ל
מ	ז	ו	ן	ן	ל	ב	פ	י	ט	ה	ח	ש	ן	ר	כ
ן	צ	ן	ת	ם	צ	ן	י	כ	ד	ב	א	ב	ר	ק	ה
ס	כ	ט	ף	ה	ע	כ	ם	ן	ר	ף	ח	ן	ג	ס	ש

מועיל
פריחה
גיוון
פרחים
מזון
פירות
גן
כוורת
דבש
חרק

צמחים
אבקה
מאביק
מלכה
עשן
שמש
נחיל
שעווה
כנפיים

24 - Weather

נ	ג	ג	ש	א	כ	ח	ה	ן	ד	ם	מ	ה	ר	ע	ס
ג	ח	ב	ף	ה	ן	נ	ת	מ	ה	ת	ד	ה	ם	ס	צ
א	ח	ש	א	ק	ל	י	ם	ש	כ	ם	ל	ד	מ	צ	ב
ג	ח	ט	ר	ו	פ	י	נ	ף	פ	ח	ב	ף	ה	ת	ר
ב	ס	ט	ל	ט	ר	ו	·	_	ח	ה	א	מ	ס	ע	ח
ט	ר	ח	ש	ב	ע	י	ר	מ	ר	ר	ן	צ	ם	ד	ף
פ	פ	ע	ת	ש	ק	ב	ט	ו	ק	י	ע	נ	ג	ש	ת
ב	נ	ף	ף	ם	פ	ש	ט	נ	ר	ו	ח	ם	ש	נ	מ
ה	ע	א	ח	ע	ח	ר	ח	ס	ב	ו	ח	ס	פ	ע	פ
ת	ר	ו	צ	ב	פ	ש	פ	ו	ג	א	ח	ט	נ	נ	נ
ג	ר	ן	ל	מ	ד	ג	ר	ן	ה	ש	ד	ל	א	ל	ל
א	ם	א	ט	ו	ר	נ	ד	ו	ח	ם	ם	ת	ם	ר	ן
ש	ב	ט	ם	ב	ם	פ	ר	מ	ה	ג	ף	צ	ף	ש	ע
ע	ם	ם	כ	כ	ג	י	ג	ע	ג	ב	ע	י	ק	ר	נ
ש	ן	ת	ס	ם	ק	א	ל	ה	ח	ף	ח	ד	ב	ד	ן
ל	ג	ש	ר	ן	מ	ל	א	ב	ח	ה	ע	ל	ר	ב	פ

אווירה
רוּחַ
אקלים
ענן
בצורת
יבש
ערפל
הוריקן
קרח
ברק

מונסון
הקוטב
קשת
רקיע
סערה
טמפרטורה
רעם
טורנדו
טרופי
רוח

25 - Adventure

נ	ח	ה	ג	מ	ג	ר	ל	ף	ל	ש	נ	צ	ן	ת	י
ט	ם	ש	ל	ס	ב	נ	א	ק	ו	ש	י	ת	ג	ע	ו
צ	ס	ה	נ	ו	ג	ג	נ	מ	ל	א	ו	מ	ץ	ר	צ
כ	א	ט	נ	כ	ח	ח	ד	ר	ס	נ	ו	ת	ב	ר	א
ס	ד	ן	ע	ן	ס	א	מ	ש	מ	ה	ט	ל	ר	ף	ד
ב	ח	ב	ר	י	ם	ג	ד	ד	ד	ט	ה	ל	ח	ם	ו
ט	צ	ט	כ	ן	ע	ם	ז	ח	פ	כ	ה	ף	ס	ם	פ
י	ע	ו	ה	כ	נ	ה	פ	צ	ת	ל	ג	ח	ח	ד	ן
ח	י	ף	ג	ח	ת	ל	ו	י	ט	צ	ע	ס	ע	ב	ט
ו	ד	ד	ד	ל	ף	ע	ל	ן	ב	ע	פ	י	י	נ	ח
ת	ש	ף	כ	ר	מ	ב	ס	ג	ן	ת	ע	ם	ת	ע	צ
ע	ט	פ	א	ה	ד	ל	ג	ן	צ	נ	י	ם	פ	א	ט
ס	ל	י	ס	ת	פ	ת	נ	ש	ש	מ	ל	ם	מ	ד	ן
מ	צ	ו	ג	ן	ה	ח	ב	ר	ל	ט	ו	ג	ן	ה	ן
ד	ה	פ	ה	ח	מ	ש	ת	נ	ב	ל	ת	נ	ם	נ	א
ם	ר	י	כ	ם	י	ר	ג	ת	א	א	ש	ר	ר	ב	ת

מסלול
שמחה
טבע
ניווט
חדש
הזדמנות
הכנה
בטיחות
מפתיע
יוצא דופן

פעילות
יופי
אומץ
אתגרים
סיכוי
מסוכן
יעד
קושי
טיול
חברים

26 - Sport

ת	כ	נ	י	ת	מ	ע	כ	כ	ת	צ	ה	ת	ת	ן	ב
ל	ל	ף	נ	ע	י	א	ט	ר	ו	פ	ס	ז	ח	ח	ש
ש	ט	ו	ס	כ	ג	צ	מ	ן	צ	ב	צ	ו	ל	ג	ר
ח	פ	ג	ב	ב	ל	ל	ט	ן	ת	ח	כ	נ	ת	ש	ח
ו	ל	ם	ד	י	ל	כ	ו	ב	ל	ת	כ	ה	ר	ט	מ
ת	ט	ר	ו	פ	ס	ח	כ	נ	ע	פ	א	ת	כ	נ	א
ר	ב	ג	ק	מ	א	ל	ח	ה	צ	ת	א	ר	מ	ש	ט
א	ב	ם	י	ר	י	ר	ש	י	כ	ו	ל	ת	פ	ת	ה
מ	נ	ס	ר	ל	ר	י	צ	ה	ט	א	י	ד	ה	ל	ג
ע	ג	ק	ם	ן	ו	ל	ס	מ	ד	י	ם	ם	ט	צ	צ
ה	פ	מ	ע	ב	נ	ב	נ	ן	ל	ר	א	ב	א	ח	ע
ה	פ	ל	ע	פ	מ	ף	ט	ט	ף	ב	ת	ת	א	ב	ג
ב	ו	ח	ף	מ	ט	ד	ס	מ	פ	ח	ע	ח	ל	ר	נ
ף	ל	ה	מ	ח	ה	מ	ל	פ	א	מ	כ	ח	ב	ט	פ
ס	נ	ס	ש	פ	ב	ג	כ	ג	ב	פ	א	ף	פ	ט	ס
ם	ע	צ	מ	ו	ת	ט	מ	צ	ה	ט	ד	ט	מ	ט	ג

יכולת
ספורטאי
גוף
עצמות
לב וכלי דם
מאמן
ריקוד
דיאטה
סיבולת
מטרה

בריאות
ריצה
למקסם
מטבולי
שרירים
תזונה
תכנית
ספורט
כוח
לשחות

27 - Restaurant #2

ם	ט	א	ט	ע	ט	א	ב	ד	ס	ג	ט	ג	ם	ט	ן
ב	ע	ר	ה	נ	ש	ר	ר	ד	ט	נ	ג	א	ם	ה	ס
ת	ל	ו	ן	ח	ד	נ	ג	ס	ט	צ	ס	ע	ה	פ	ן
ב	ט	ח	צ	א	ע	מ	א	ן	ף	ד	ר	כ	מ	ת	ע
ל	ע	ת	ת	ב	ו	ג	נ	ב	ף	ג	ר	צ	ל	מ	י
י	ן	צ	כ	פ	ג	א	א	א	ר	ו	ח	ת	ע	ר	ב
נ	ל	ה	י	ס	ה	ס	ן	ת	ו	ר	י	פ	ק	ם	ט
י	ה	ר	ס	ג	ל	ז	מ	מ	פ	ח	ט	ו	ת	ה	ד
ם	ט	י	א	מ	י	ם	י	צ	י	ב	ת	ה	מ	נ	ק
ל	מ	י	ת	ב	א	ש	ס	נ	ש	ד	ד	כ	ל	ר	ע
נ	ט	ם	ב	ס	כ	ש	א	א	ג	ר	ף	כ	ח	ן	ת
מ	מ	י	ד	ר	ר	ג	ן	מ	מ	ן	פ	צ	ף	ל	ע
ף	פ	ע	נ	כ	ח	ף	ר	מ	ל	ש	ח	נ	פ	א	ל
ן	ד	ט	נ	ש	ת	ק	ב	ן	ח	ת	ו	י	ר	ט	א
ר	ל	ל	ת	מ	ט	ן	ס	ה	מ	א	ן	ב	ל	כ	נ
ל	צ	ט	ף	ע	ט	ם	ח	ה	נ	ש	ר	מ	מ	ש	פ

ארוחת צהריים
אטריות
סלט
מלח
מרק
תבלינים
כף
ירקות
מלצר
מים

מתאבן
עוגה
כיסא
טעים
ארוחת ערב
ביצים
דג
מזלג
פירות
קרח

28 - Geology

א	ר	מ	ח	ו	מ	צ	ה	ב	ל	צ	מ	ל	ח	צ	ע
ן	ע	ן	י	ד	ס	ח	ח	נ	נ	ס	ג	ת	ד	ג	ר
ג	פ	ת	פ	נ	א	ב	ן	ש	ח	ש	ן	ש	ח	ג	צ
פ	א	ש	א	ה	ר	ע	מ	כ	ד	ש	א	ג	ן	א	ב
א	ס	ר	ה	צ	נ	ל	פ	ב	ט	ס	ל	ע	ם	ח	ה
מ	ב	מ	א	ו	ב	ן	י	ה	ה	י	מ	ת	צ	ת	ר
ג	ב	י	ש	י	ם	א	ף	ם	א	ד	ו	ע	מ	פ	ע
ג	ש	מ	ם	צ	ג	ן	ס	ט	י	ן	ג	צ	א	ס	י
ת	י	צ	ש	צ	ר	ם	צ	ד	ח	ר	מ	ח	מ	ם	ד
ה	פ	י	ר	ן	ל	ג	א	א	ר	ח	ו	ג	ט	ש	ת
ר	ש	ת	ז	א	ר	ט	ה	ס	נ	ד	ט	ז	פ	מ	א
ג	ר	נ	ץ	ר	ו	ו	ק	ר	ט	ל	נ	ח	ח	ד	ד
ע	ש	צ	ף	ף	ף	צ	י	ף	י	פ	ט	כ	ה	מ	מ
ש	ף	ד	כ	ד	ט	מ	ח	ן	ף	ד	ר	ת	צ	ג	ה
ע	א	ח	ט	פ	א	ת	ש	ב	י	ט	ת	מ	ט	ט	מ
ע	א	צ	ח	ש	ר	כ	ר	פ	ר	ת	ט	כ	ן	צ	ר

גייזר
לבה
שכבה
מינרלים
רמה
קוורץ
מלח
נטיף
אבן
הר געש

חומצה
סידן
מערה
יבשת
אלמוג
גבישים
מחזורים
רעידת אדמה
שחיקה
מאובן

29 - House

ש	ח	ם	ת	ט	ר	צ	ט	ש	צ	ף	ד	ם	ר	מ	צ
ב	ד	ב	מ	מ	ל	ע	ד	ף	פ	ר	ב	צ	ד	מ	פ
א	ר	ן	ט	נ	א	ף	א	ס	ח	מ	ע	ח	ף	ב	ע
ן	ף	מ	ה	מ	ד	ט	ם	ן	ש	ש	צ	צ	ב	ח	ם
ג	ד	ר	ט	צ	ד	ע	נ	ש	ש	ר	נ	נ	נ	ר	ט
ג	ב	ג	פ	ת	א	ל	ל	ח	ס	פ	ל	כ	ג	ט	כ
מ	מ	ט	א	ט	א	י	ר	צ	פ	ה	א	ר	מ	נ	ס
ת	פ	א	ח	ע	צ	י	ט	ו	ה	י	ר	ת	צ	ר	כ
ר	ר	ת	ר	ם	ן	ת	ב	ת	ת	ר	פ	ו	ן	א	ד
ש	א	ו	ח	ר	ם	ג	נ	ן	ם	פ	ם	ג	נ	נ	ל
ב	ע	נ	ג	ו	כ	ג	ע	צ	ח	ס	נ	ב	ן	מ	ת
א	ח	ו	ח	ע	ת	ן	ג	ת	נ	מ	ר	ל	ן	ט	ח
צ	נ	ל	ם	ע	א	ח	ב	ט	ל	כ	ת	פ	נ	ס	ל
נ	ע	י	מ	ו	ס	ך	מ	ם	ע	ד	ס	ל	ף	ף	ק
ב	צ	ו	ח	ל	ו	ן	נ	ב	ף	ד	ק	י	ר	ה	מ
א	ף	ל	ן	ג	א	מ	ה	ט	ם	א	צ	מ	ג	ש	ר

מפתחות
מטבח
מנורה
ספריה
מראה
גג
חדר
מקלחת
קיר
חלון

עליית גג
מטאטא
וילונות
דלת
גדר
אח
רצפה
ריהוט
מוסך
גן

30 - Physics

מ	ש	ח	ם	מ	א	ו	נ	י	ב	ר	ס	ל	י	א	ל
ף	ם	ת	ע	ח	כ	פ	מ	ח	ט	ל	ר	צ	נ	ל	צ
מ	ט	ב	ף	ע	ל	נ	צ	ב	צ	ט	ר	ע	י	ק	צ
ף	צ	ר	ל	ה	ר	ה	י	ר	ג	ף	ט	ע	ע	ט	ס
ן	ט	ב	א	ף	מ	ב	מ	ק	ז	א	פ	ע	ר	ר	נ
ם	ם	נ	כ	ת	ד	צ	י	מ	ה	ל	ס	צ	ג	ו	ה
מ	ו	ל	ק	ו	ל	ה	כ	פ	צ	ס	פ	ה	ג	ן	ר
ם	ט	ת	ו	ר	י	ה	מ	ם	ף	א	מ	כ	נ	פ	ח
ס	א	ע	ר	י	ג	ס	א	ס	ד	א	ש	ט	ב	ש	ב
ח	צ	ב	צ	ד	ש	ת	צ	ס	נ	ח	ס	ס	ט	ד	ה
ת	נ	כ	ב	ת	פ	ד	צ	ת	נ	ל	נ	צ	ת	ת	נ
ב	ן	י	נ	ר	ה	ה	ע	א	ו	ק	ל	צ	ח	צ	ט
ת	צ	ג	ח	ה	ל	ח	מ	ו	ס	י	א	ד	ג	נ	ש
פ	ד	ש	נ	ס	ו	א	כ	צ	ח	ק	ע	ג	ט	ח	ן
ד	ח	א	ש	ע	ו	נ	מ	ה	ה	צ	פ	י	פ	ו	ת
ד	צ	כ	צ	ח	ן	ת	ו	י	ט	נ	ג	מ	כ	א	ן

תאוצה
אטום
כאוס
כימי
צפיפות
אלקטרון
מנוע
הרחבה
נוסחה
תדירות

גז
מגנטיות
מסה
מכניקה
מולקולה
גרעיני
חלקיק
יחסות
אוניברסלי
מהירות

31 - Scientific Disciplines

ק	י	נ	ס	י	ו	ל	ו	ג	י	ה	ל	מ	ע	א	ב
ז	ו	א	ו	ל	ו	ג	י	ה	ע	ם	ד	ה	ט	ק	י
ם	ף	ל	ש	פ	ס	י	כ	ו	ל	ו	ג	י	ה	ו	ו
ש	ד	א	ס	ט	ר	ו	נ	ו	מ	י	ה	מ	ק	ל	ל
מ	י	נ	ר	ל	ו	ג	י	ה	פ	ת	י	ו	י	ו	ו
ס	ו	צ	י	ו	ל	ו	ג	י	ה	ו	ג	ט	נ	ג	ג
ה	ט	ט	ש	נ	ם	נ	צ	א	ש	נ	ו	נ	כ	י	י
ח	ל	ן	כ	ט	ה	ה	כ	ג	נ	ש	ל	א	מ	ה	ה
ב	ו	ט	נ	י	ק	ה	י	ג	ו	ל	ו	א	כ	ר	א
ב	ן	ג	נ	ה	ל	צ	י	ב	נ	ב	י	ל	ט	ר	ר
כ	י	מ	י	ה	ב	ת	ל	מ	ה	ע	ז	ם	ג	ר	נ
ט	נ	ו	י	ר	ו	ל	ו	ג	י	ה	י	כ	א	ד	צ
נ	ס	ד	ם	ע	ג	ג	ל	ח	כ	כ	פ	ד	ת	ל	ס
ר	ש	ג	ט	ג	ן	ה	י	ג	ו	ל	ו	א	י	ג	צ
ר	ת	ר	מ	ו	ד	י	נ	מ	י	ק	ה	י	ח	פ	ר
א	י	מ	ו	נ	ו	ל	ו	ג	י	ה	צ	ף	ב	ס	ח

אנטומיה
ארכאולוגיה
אסטרונומיה
ביוכימיה
ביולוגיה
בוטניקה
כימיה
אקולוגיה
גיאולוגיה
אימונולוגיה
קינסיולוגיה
בלשנות
מכניקה
מינרלוגיה
נוירולוגיה
פיזיולוגיה
פסיכולוגיה
סוציולוגיה
תרמודינמיקה
זואולוגיה

32 - Beauty

צ	ת	ג	כ	ס	ח	ם	ה	ה	ג	ב	צ	כ	ה	ף	מ
מ	ם	י	ל	ת	ל	ת	ח	נ	מ	ן	ן	ל	ט	כ	ס
ו	ע	ו	ר	ו	פ	י	א	ר	ע	נ	פ	כ	ה	צ	ק
צ	ן	ם	ג	ל	ע	ם	א	פ	כ	ט	ת	ס	ע	ש	ר
ר	ע	ג	פ	ט	ת	ה	ש	י	ר	ו	ת	י	ם	פ	ה
י	ה	ק	י	ט	מ	ס	ו	ק	י	פ	ב	ד	י	ד	ת
ם	פ	ב	ג	ל	ד	ג	ד	ט	ח	מ	ן	ל	י	ם	ף
י	כ	ה	צ	ט	כ	נ	נ	פ	ל	ש	ט	ח	ר	ט	ר
נ	ם	ב	כ	ן	ס	ג	ה	ע	צ	ס	ע	ן	פ	ף	א
מ	ע	צ	ב	כ	ל	ר	כ	ן	ח	ם	ס	ק	ס	ת	ל
ש	פ	ס	נ	א	ע	מ	מ	ת	ה	ח	ן	ט	מ	ף	ף
ן	א	א	י	ף	ל	י	ט	נ	ג	ל	א	נ	כ	ד	ט
כ	ה	ג	ח	ל	ן	נ	א	ח	כ	ע	צ	נ	פ	ס	פ
פ	ו	ט	ו	ג	נ	י	ף	ר	ס	ש	ם	ם	ע	נ	ם
צ	א	ן	ח	ל	ף	ן	ס	ע	ט	ד	ב	ח	ת	ן	ם
ד	פ	ת	כ	ס	ת	צ	ן	ן	ו	ת	פ	ש	ש	ח	ג

מראה
שמנים
פוטוגני
מוצרים
ריח
מספריים
שירותים
שמפו
עור
מעצב

קסם
צבע
קוסמטיקה
תלתלים
אלגנטיות
אלגנטי
ניחוח
שפתון
איפור
מסקרה

33 - Clothes

ט	נ	ח	ף	ע	כ	מ	ש	ב	מ	כ	ש	ע	ה	ת	ס
מ	ט	ף	ו	ן	ב	ע	ת	ב	ו	כ	ל	ט	פ	ג	נ
ס	ן	ם	ה	ל	ע	צ	ע	י	ף	ט	נ	ב	כ	ף	ש
צ	מ	י	ד	ח	צ	פ	ן	ס	ח	ה	נ	ס	ף	מ	מ
ל	ל	י	ש	ד	צ	ה	ה	י	ג	ד	ן	ל	י	ף	ל
ה	ה	ב	כ	ה	ן	א	ע	נ	ו	מ	ע	י	ל	י	ה
ל	פ	ר	מ	ם	ט	ש	י	ר	ר	פ	כ	ס	מ	צ	ם
ם	ם	ג	ש	א	ל	ל	ט	ת	ה	י	כ	ו	ף	ד	י
ת	כ	ש	י	ט	י	ם	ט	ש	ע	ג	ג	ו	כ	נ	ל
ח	ן	ד	ט	ן	פ	ם	ג	ר	כ	מ	י	ד	ן	ס	ד
א	ו	פ	נ	ה	ב	ם	ת	ש	ד	ה	נ	ר	מ	ש	נ
ש	ס	ט	צ	ם	ף	ג	פ	ר	צ	ש	ס	ס	כ	ס	ס
ף	פ	ש	ט	ש	ב	מ	צ	ת	ו	פ	פ	כ	נ	ט	ת
ל	ה	מ	ס	ד	מ	א	ח	ף	ט	ב	מ	ת	ע	ן	ה
ף	ט	נ	ן	ב	א	צ	ט	ש	ט	צ	ג	ב	ל	ש	ח
ף	ט	צ	ן	ח	א	כ	ע	ן	צ	ה	ב	ב	ן	ף	ט

סינר
חגורה
צמיד
מעיל
שמלה
אופנה
כפפות
כובע
ג'ינס
תכשיטים

שרשרת
פיג'מה
מכנסיים
סנדלים
צעיף
חולצה
נעל
חצאית
גרביים
סוודר

34 - Ethics

ט	ד	מ	ה	ש	ס	ב	י	ר	צ	י	פ	ג	א	ח	פ
מ	י	כ	ג	מ	ר	א	ע	ש	א	ו	ח	ס	ה	י	ן
א	פ	ג	כ	כ	ג	צ	ב	ו	ד	ש	ט	ג	ל	ף	נ
א	ל	ה	ב	פ	ל	ג	פ	י	נ	ר	ד	ו	ו	ט	ן
ר	ו	ח	ו	ף	ס	ט	ב	ש	א	ה	ס	ב	ע	ט	ס
ג	מ	ף	ד	ב	י	ג	ט	ח	ג	ו	ח	ס	פ	ת	ט
ר	ט	ל	ל	מ	ף	ר	ב	ס	פ	ג	ף	ל	ף	ן	ם
ס	י	נ	י	ן	ד	ר	א	י	ח	צ	ט	ג	ו	ג	ט
ג	ו	ו	כ	א	נ	ע	ה	מ	ע	ש	י	ו	ת	ש	נ
ת	ת	ר	ם	ר	צ	ר	ל	ג	ף	ף	ל	ל	י	ה	ד
ו	ו	ס	ב	ח	ו	כ	מ	ה	נ	ד	פ	כ	ש	ס	י
נ	ש	ש	ה	ף	ר	י	ח	ף	כ	ע	ס	כ	ש	נ	ב
ל	ו	כ	צ	ל	ט	ם	ת	ו	י	ל	נ	ו	י	צ	ר
ב	נ	ס	נ	כ	ש	ט	ם	ז	י	א	ו	ר	ט	ל	א
ו	א	ן	ב	א	פ	ג	ב	ן	כ	ל	ב	כ	א	ה	ל
ס	ה	כ	ד	ד	נ	ס	פ	ח	ל	ש	ר	א	פ	ס	ף

אלטרואיזם
נדיב
חמלה
שיתוף פעולה
כבוד
דיפלומטי
יושר
האנושות
יושרה
חסד

אופטימיות
סבלנות
פילוסופיה
רציונליות
מעשיות
סביר
סובלנות
ערכים
חוכמה

35 - Astronomy

ף	ל	ה	כ	מ	א	ס	ט	ר	ו	נ	א	ו	ט	ר	ק
ה	מ	צ	פ	ה	ט	ש	א	ש	כ	ל	ש	ר	פ	ב	ו
ס	ר	ף	ר	ד	כ	א	ן	ס	ב	ס	ו	ר	ה	ר	ס
ל	ש	א	פ	מ	ל	ב	ו	ח	ט	ן	ר	ו	ה	ד	מ
כ	ל	ם	ת	ט	ה	נ	י	ר	ק	ר	נ	נ	י	ף	ו
ד	ט	צ	ר	ף	ע	ס	ו	י	ל	ע	ו	ש	ש	י	ס
כ	ו	כ	ב	ל	כ	ת	ו	ס	כ	ד	ן	א	נ	ב	ן
ב	ש	ה	ר	ח	ח	ח	ש	כ	ר	צ	ס	ח	י	ר	ן
ק	ב	ו	צ	ת	כ	ו	כ	ב	י	ם	ח	ש	ר	ד	ה
ס	ש	ג	נ	י	א	ס	ט	ר	ו	נ	ו	ם	ק	כ	ף
ר	פ	ס	ל	ל	ס	ו	פ	ר	נ	ו	ב	ה	ט	ט	ד
ע	ב	ר	ה	י	ס	ק	ל	ג	ה	נ	ס	ם	ה	צ	ש
ס	ל	ת	ס	פ	ל	י	ק	ו	י	ח	מ	ה	ש	מ	ף
ץ	ר	א	ה	ר	ו	ד	כ	א	ר	ק	י	ע	ן	ס	ב
נ	ע	ם	ת	ע	ג	ל	ג	ל	ה	מ	ז	ל	ו	ת	ף
ח	א	ח	ע	ר	ט	כ	צ	ף	נ	ב	כ	נ	ע	ס	ב

אסטרואיד
אסטרונאוט
אסטרונום
קבוצת כוכבים
קוסמוס
כדור הארץ
ליקוי חמה
שוויון
גלקסיה
מטאור

ירח
ערפילית
המצפה
כוכב לכת
קרינה
רקטה
לוויין
רקיע
סופרנובה
גלגל המזלות

36 - Health and Wellness #2

פ	ט	ל	ק	ש	מ	ש	ם	ר	ו	ג	נ	ת	צ	ד	ג
ח	ב	ח	א	ל	ר	ג	י	ה	י	ה	נ	ל	ש	מ	ם
ו	ר	ץ	י	פ	ל	ף	ל	ם	ט	נ	ש	ט	ף	ס	ף
ל	א	ף	ר	ב	ש	ט	ו	ס	מ	נ	ם	ט	י	ט	נ
י	צ	מ	ב	ת	ס	כ	ח	ן	י	נ	ק	א	מ	ק	פ
א	נ	ט	ו	מ	י	ה	ת	כ	ן	פ	ל	ה	נ	פ	ה
ש	ם	מ	ף	ם	ה	ת	י	ט	ת	ה	ו	ר	ד	ע	א
ם	ם	ר	ט	ף	ד	ט	ב	ף	ל	מ	ר	כ	ג	כ	ח
ה	ב	ף	ף	כ	ר	ן	נ	ד	א	ט	י	ע	צ	ם	ה
פ	י	א	ל	מ	מ	פ	ד	ג	ת	מ	ה	א	ע	ן	מ
ח	ש	ג	ף	כ	ה	ס	ד	ס	מ	א	ר	צ	י	מ	ג
ת	ל	נ	י	ד	ם	ל	ס	ז	י	ה	ו	ם	ס	ה	ב
ן	ו	ב	א	י	ת	ז	ו	נ	ה	ט	ז	ח	ו	ע	ג
ע	כ	ע	ח	ט	נ	ן	ע	ח	כ	א	ח	ח	י	ב	כ
א	נ	ר	ג	י	ה	ה	ג	ם	ב	י	ש	ת	ד	ט	פ
ה	ת	י	י	ב	ש	ו	ת	ג	ף	ד	ס	צ	א	ע	ש

בריא
בית חולים
היגיינה
זיהום
עיסוי
תזונה
שחזור
לחץ
ויטמין
משקל

אלרגיה
אנטומיה
תיאבון
דם
קלוריה
התייבשות
דיאטה
חולי
אנרגיה
גנטיקה

37 - Disease

י	א	ל	ת	ד	ש	ג	ר	פ	ח	ם	ס	ג	ל	ה	ח
נ	ל	ב	ט	כ	ט	ו	א	ג	י	י	ט	נ	ג	ס	ע
ת	ק	ל	ד	ט	ת	ף	ב	ג	י	ש	צ	ה	י	ט	א
ו	נ	ה	ח	א	ף	ט	ת	ח	ד	נ	ס	נ	ה	כ	כ
מ	ה	פ	ר	כ	ן	מ	ס	ה	ק	פ	ו	ד	ם	ג	נ
ת	ו	י	ג	ר	ל	א	מ	ל	י	ת	כ	ד	ח	ל	ש
ו	ד	ת	צ	ה	ו	נ	ו	א	ם	ו	ח	ל	ל	מ	י
מ	ל	ש	ף	ר	פ	ם	נ	ה	מ	א	נ	ט	פ	ל	מ
צ	כ	ר	ו	נ	י	ף	ת	ט	ס	י	ה	ח	ד	ל	ה
ע	ד	ו	ל	נ	ט	ח	ג	פ	ב	ר	ה	ת	ב	ע	ח
ח	ף	ת	ג	א	ת	א	צ	מ	ד	ב	ק	ל	מ	ן	ג
ה	ה	ו	ם	ב	ג	ה	י	ת	פ	ו	ר	י	ו	נ	ף
ת	ת	ת	ם	א	ת	צ	ם	ס	מ	ן	ב	ל	ש	ד	ה
פ	ר	ט	א	נ	ת	ם	ף	ב	מ	פ	ס	ע	ח	א	פ
ה	ב	ה	ע	א	ג	ה	פ	ן	ח	ד	ף	כ	פ	ט	ם
ט	א	א	ס	ה	כ	מ	ח	פ	מ	ר	מ	ף	נ	ף	ט

תורשתי
חסינות
דלקת
מותני
נוירופתיה
פתוגנים
נשימה
תסמונת
טיפול
חלש

בטן
אלרגיות
חיידקי
גוף
עצמות
כרוני
מדבק
גנטי
בריאות
לב

38 - Time

ע	ה	ש	מ	ג	כ	ר	ט	צ	ם	ר	ח	ב	ג	א	ט
כ	ד	ד	ע	ש	ן	ר	ם	כ	ט	נ	ג	ם	ו	י	ח
ש	ה	ו	ו	ו	נ	ח	נ	ל	ם	ע	צ	י	ף	ט	ג
י	ד	ח	ב	ד	ן	ת	ש	ו	ע	ם	צ	י	ש	ה	ל
ו	פ	ש	ש	ב	ס	ם	י	ח	ד	ף	פ	ר	ק	ו	ב
צ	צ	ס	ד	נ	ר	ל	ש	ש	ס	מ	א	ה	ל	י	ל
צ	ע	ע	ן	צ	ה	ס	ש	נ	ט	ס	מ	צ	כ	ע	כ
ד	ק	ה	ע	ל	ם	נ	ן	ה	ם	כ	ב	ן	ן	ע	פ
י	ת	נ	ע	ב	ט	נ	ת	כ	כ	ט	ב	ק	ר	ו	ב
ת	ף	ש	כ	ש	ג	ר	ת	מ	ע	ג	ס	ח	ט	ד	ן
ע	ג	ט	ה	ש	ל	מ	ה	ב	ה	ס	ר	ר	ם	צ	מ
ב	ע	ה	י	ו	ם	ו	ט	כ	ם	ל	פ	נ	י	ן	ף
ג	ש	ד	ד	צ	ג	ק	ע	כ	ש	מ	ע	ל	ף	ד	נ
ס	ו	ל	ה	ם	ע	ד	ע	ש	ה	ע	ת	ף	ם	ר	ף
ל	ר	כ	ה	ף	פ	ם	ד	א	ט	נ	ד	ג	ע	ס	ג
ת	צ	נ	ה	ת	ש	ר	צ	ה	צ	ח	ח	ה	ב	א	ה

דקה
חודש
בוקר
לילה
צהריים
עכשיו
בקרוב
היום
שבוע
שנה

שנתי
לפני
לוח שנה
מאה
שעון
יום
עשור
מוקדם
עתיד
שעה

39 - Buildings

ף	ף	ה	ר	נ	ף	א	ר	ש	ס	ד	ק	ל	ף	ם	ב
ב	ה	ם	נ	ע	ף	מ	ג	א	ע	ת	ו	א	ר	ה	י
ע	ש	ם	ת	צ	ג	ם	ד	ג	מ	ש	ל	ה	ו	א	ת
כ	ל	ט	ס	פ	ב	ף	ע	ש	ש	ע	נ	ד	ע	פ	ס
פ	ה	ע	ם	ד	ג	ת	ל	ט	ת	ש	ו	ב	פ	נ	פ
ס	מ	פ	מ	א	צ	ט	ד	י	ו	ן	ע	ע	ה	ג	ר
ו	א	ו	ם	פ	ה	ע	ג	א	ר	ו	ם	מ	ד	ס	ה
פ	ו	א	ה	ז	ה	ת	מ	ר	י	ר	ן	צ	א	ף	ד
ר	נ	ם	ת	י	ה	מ	ל	פ	ר	ט	ף	פ	פ	ס	ט
מ	י	ס	ע	כ	א	צ	ו	צ	ג	א	מ	פ	ע	ל	ם
ר	ב	ד	ת	א	ם	ו	ן	ה	י	ש	ה	ש	מ	פ	ש
ק	ר	ג	א	ד	ם	נ	ן	ל	ו	ת	ת	ף	א	ס	מ
ט	ס	נ	א	כ	ה	נ	ס	א	פ	ס	ה	ע	א	ב	ם
ט	י	ס	ט	י	ר	ה	פ	צ	מ	ה	ט	ש	ש	ש	כ
ף	ט	ל	ח	ף	י	ף	ה	ם	צ	כ	ט	ל	ס	ס	פ
ג	ה	פ	ס	נ	ד	ב	י	ת	ח	ו	ל	י	ם	ה	ג

דירה
אסם
תא
טירה
קולנוע
שגרירות
מפעל
בית חולים
הוסטל
מלון

מעבדה
מוזיאון
המצפה
בית ספר
אצטדיון
סופרמרקט
אוהל
תיאטרון
מגדל
אוניברסיטה

40 - Herbalism

ע	ם	ת	ת	ר	ף	ף	פ	ש	א	ע	ד	ד	ן	ם	ש
ן	צ	מ	ו	ע	י	ל	ט	ו	ר	ר	י	ח	ן	ג	מ
ע	ל	ט	ב	ף	ד	ד	ר	ם	ו	מ	ח	נ	מ	ש	י
ב	ב	ר	ן	ב	א	א	ו	ט	מ	ו	פ	ר	ח	צ	ו
א	נ	ג	ף	פ	ף	ף	ז	ס	ט	ש	ט	ג	נ	ט	ר
ה	ד	ו	נ	ג	א	ת	י	ן	י	מ	נ	ט	ה	נ	ן
ט	ר	ן	ל	צ	ת	ן	ל	נ	ן	נ	ח	ח	ט	ע	ר
מ	ע	ה	ה	ק	ו	ר	י	א	ו	ר	ג	נ	ו	כ	פ
כ	ג	ם	ע	ד	ו	ם	ה	ן	ח	ס	פ	ט	ם	מ	ע
ל	ג	ר	ט	א	מ	ל	ר	ו	ז	מ	ר	י	ן	כ	ז
צ	ש	ג	ע	מ	מ	ן	י	ג	ר	ע	ן	ע	צ	ר	ס
ן	ף	ה	ש	פ	ד	א	ף	נ	ל	ב	ש	ד	ל	ג	נ
פ	ש	פ	ב	ש	ב	מ	מ	ס	ר	ג	ף	ה	ג	ט	ג
ם	צ	צ	נ	ד	ר	ה	צ	ת	ב	י	ר	ש	ת	ל	ש
ם	ש	ף	ע	ע	ת	ע	ב	ן	ב	כ	ן	ד	ג	ע	ת
ת	ת	צ	נ	מ	ר	כ	י	ב	ן	ם	ס	ן	ס	ש	ן

מרכיב
לבנדר
מיורן
מנטה
אורגנו
פטרוזיליה
צמח
רוזמרין
זעפרן
טרגון

ארומטי
ריחן
מועיל
קולינרי
שומר
טעם
פרח
גן
שום
ירוק

41 - Vehicles

ב	ט	ל	ף	צ	ם	נ	פ	ש	ג	ל	ב	ת	א	כ	ט
ה	ף	ב	ף	ל	ר	ה	פ	פ	א	א	ת	ש	ס	ס	ר
ר	כ	ב	ת	ת	ח	ת	י	ת	מ	ט	ו	ס	ר	י	ק
ג	צ	ט	פ	ה	ת	ה	ב	ת	י	א	ש	מ	פ	ר	ט
ן	ט	ם	נ	ס	ס	ל	ג	י	צ	ס	פ	א	ס	ה	ו
ה	צ	ה	כ	ע	ה	נ	ם	נ	ה	מ	ד	ט	ו	ע	ר
ר	ק	ט	ה	ו	ן	א	ו	ו	ר	ק	כ	ב	ד	ה	ד
ח	ל	נ	כ	ת	ק	ו	ס	מ	ר	ס	ף	ו	ה	פ	ד
ם	ת	מ	ם	נ	מ	פ	ע	ו	נ	מ	ע	ת	נ	ל	א
מ	ף	ן	ט	כ	ס	נ	ל	ו	ב	מ	א	צ	ה	י	ד
ג	ע	ט	ס	ת	ח	י	נ	ג	נ	ן	מ	פ	ע	ר	ת
ד	ל	ב	א	ר	ג	י	ן	ג	מ	ט	ד	א	צ	ת	א
ש	ף	ע	ו	ה	ט	ם	ס	ח	א	ע	ק	ט	ו	ש	מ
ת	ה	פ	ב	ר	א	ו	ט	ו	ב	ו	ס	ב	ל	ב	פ
מ	פ	צ	ש	ג	ת	צ	מ	י	ג	י	ם	כ	ל	ה	א
ן	כ	ת	ף	ס	ח	ה	ש	ם	מ	ב	ף	ר	ת	ה	ש

מטוס
אמבולנס
אופניים
סירה
אוטובוס
מכונית
קרוואן
מעבורת
מסוק
מנוע

רפסודה
רקטה
קטנוע
הסעות
צוללת
רכבת תחתית
מונית
צמיגים
טרקטור
משאית

42 - Flowers

ג	ש	ם	ח	ן	פ	כ	ד	ת	ת	ף	ת	מ	ף	ף	ף
ת	ה	י	ב	י	ס	ק	ו	ס	ח	ר	צ	צ	ת	ר	ט
ר	ל	ד	ם	ם	כ	ע	א	פ	ג	ת	ר	ש	צ	ד	ס
ת	ס	ת	י	נ	ו	מ	ד	א	מ	ט	צ	מ	ט	ט	ף
ו	ש	י	ן	ע	ן	ף	א	ף	ל	ל	ד	ע	ב	צ	ת
ב	ף	נ	ס	ע	ד	ה	ע	ת	צ	ט	צ	ח	ל	א	ל
י	ס	מ	י	ן	ן	ת	פ	פ	ף	ש	ף	ד	ל	ש	ן
ל	ל	ח	ק	פ	ע	מ	ע	ט	כ	ב	ם	ן	ב	ת	מ
ע	ה	ה	ר	ו	ל	פ	י	ס	פ	פ	ל	ב	נ	ד	ר
ג	ל	ש	נ	ב	ת	ט	א	ח	כ	ר	ר	ש	מ	ף	ל
ב	ר	ז	ל	ג	צ	ש	צ	כ	צ	ג	ג	ע	ו	ל	ח
ן	פ	ד	ס	ח	ל	ב	ל	מ	ן	ר	ט	ף	ט	ש	ח
ל	צ	ר	נ	ף	ש	ן	ה	א	ר	י	ז	י	י	ד	ן
י	פ	ו	ר	י	נ	ו	ע	ב	צ	ר	ת	ל	ש	ח	צ
ל	נ	ב	נ	ר	ה	י	ל	ו	נ	ג	מ	ח	ס	ל	ל
ך	ם	ה	ע	ע	כ	ג	א	ט	ג	א	ן	ף	א	ף	ג

שושן
מגנוליה
סחלב
פסיפלורה
אדמונית
עלי כותרת
פרג
ורד
חמנית
צבעוני
זר
תלתן
נרקיס
דייזי
שן הארי
גרדניה
היביסקוס
יסמין
לבנדר
לילך

43 - Health and Wellness #1

מ	ג	ל	ב	ס	פ	ח	ף	ח	ע	ד	ם	כ	ס	ת	ג
ם	ף	ע	ט	ף	א	ש	ג	ח	י	צ	ר	ב	ס	ח	ד
ע	ר	צ	ן	ב	ח	ד	ר	ל	ט	י	ע	א	מ	ן	א
כ	ד	נ	ש	ן	ג	פ	ף	י	ע	א	ד	ט	פ	ב	ח
ג	ש	ב	ר	ד	ף	ל	ף	ה	ר	פ	ס	ק	ל	פ	ר
ה	א	ו	פ	ר	מ	ס	ן	ף	כ	י	ט	ד	י	מ	ף
ו	ג	ט	ן	צ	ל	נ	ל	ר	ת	ר	ם	ד	ע	ם	ע
ר	ל	פ	צ	י	ע	ה	נ	ה	ב	ס	ן	ס	פ	י	ט
מ	ו	ב	ד	מ	ל	ב	י	ת	מ	ר	ק	ח	ת	ב	ג
ו	פ	ע	ו	נ	ג	א	ג	ם	כ	ש	מ	כ	א	צ	ן
נ	י	ר	ק	ל	ה	ל	פ	ג	ע	כ	ע	א	ח	ע	ף
י	ט	ח	ט	ס	ר	מ	ר	פ	א	ה	ג	ו	ב	ה	ב
ם	ב	כ	ו	ט	פ	נ	ג	י	ף	ע	ט	ס	ן	פ	ס
ף	ד	ה	ר	ה	י	צ	ש	ש	ן	ף	ה	ר	ג	ל	צ
ע	ר	ת	נ	ב	ה	ד	ח	ה	ן	ן	ע	צ	מ	ו	ת
ב	ר	ח	א	כ	ה	מ	ן	כ	ה	ח	ן	ן	מ	ל	כ

פעיל
חיידקים
עצמות
מרפאה
דוקטור
שבר
הרגל
גובה
הורמונים
רעב

פציעה
רפואה
שרירים
עצבים
בית מרקחת
רפלקס
הרפיה
עור
טיפול
נגיף

44 - Town

ש ר ל ב י ת מ ר ק ח ת ס ל ה ס נ
ן ם ן ו י ד ט צ א נ מ פ ב פ ש ד
ה י ר ל ג ק ו ל נ ו ע ר ר ו מ ג
ט ג ר ה ח נ פ ב ר ת ה י פ ע ף ן
י ש ש ט ג ב צ צ ד ס ה ג ס ת נ ח
ס ש ח ת נ ה פ ש ג פ א ל ת ה ב י
ר ס מ נ כ ר צ ן ה ר פ ן י ד ע ו
ב ו ש ט ח צ כ ת צ י ר ח ב ש ן ת
י פ צ י ע ח נ ש ן ם מ ן פ ע ק ס
נ ר ם ה י י פ א מ ן ו א י ז ו מ
ו מ ד ס ש ג ע ה ן ו ע ף ר פ ש ל
א ר ד פ כ נ ה א ט ר ת ש ח ד ע כ
ן ק צ מ ה ף ח ח ט ט א א צ ב ת מ
פ ט ל ת ב נ ד ר ם א ת ד א ן ע ד
א ש מ ל ו ן ס א ג י ד צ ה ח ס ל
ף ם ן ת ש צ ט ר ח ת ד ב ל ל צ נ

שדה תעופה
מאפייה
בנק
חנות ספרים
קולנוע
מרפאה
פרחים
גלריה
מלון
ספריה

שוק
מוזיאון
בית מרקחת
בית ספר
אצטדיון
חנות
סופרמרקט
תיאטרון
אוניברסיטה
גן חיות

45 - Antarctica

ט	ס	ד	ט	ט	ג	צ	צ	ד	ר	ה	ח	ט	ה	ע	ס
ס	ו	צ	ף	ס	ם	ג	ב	מ	א	נ	ס	ף	ף	נ	ב
ה	ס	פ	ר	כ	ת	ש	ב	י	ב	א	ע	ר	ן	נ	י
ג	נ	ה	ו	מ	פ	כ	ה	נ	ר	ו	ק	י	ג	י	ב
י	ע	ד	מ	ג	ע	ע	נ	ר	מ	ש	ל	ח	ת	ם	ה
ר	א	י	י	ם	ר	ן	ת	ל	ש	ש	ס	ץ	ר	פ	מ
ה	ט	ר	ש	פ	ק	פ	ם	י	ע	ח	ס	ם	א	ק	מ
י	מ	ח	ח	ם	ו	ט	י	ם	ח	צ	י	ה	א	י	י
פ	פ	ט	א	ר	ח	ס	ר	ה	ק	ע	ג	פ	ס	ד	ם
ר	ר	ף	ח	ט	א	א	ו	ה	מ	ר	צ	ת	כ	ן	ר
ג	ט	ר	פ	ל	ב	ר	פ	ה	א	ע	ח	ט	ן	ש	ר
ו	ו	ן	ש	ס	ן	מ	י	מ	א	ל	ן	ו	פ	ב	ם
א	ר	נ	ח	ת	כ	כ	צ	ח	כ	ת	ב	ה	נ	א	א
ג	ה	מ	ף	ן	ס	ש	צ	ט	מ	ע	ה	ן	ס	י	כ
א	ח	ף	ע	ש	ח	ג	ע	א	ם	ן	נ	ב	ד	ת	ם
נ	ה	ה	ג	ת	א	ד	מ	א	ד	ד	ס	נ	ם	ש	צ

מפרץ
ציפורים
עננים
שימור
יבשת
סביבה
משלחת
גאוגרפיה
קרחונים
קרח

איים
הגירה
מינרלים
חצי האי
חוקר
רוקי
מדעי
טמפרטורה
טופוגרפיה
מים

46 - Ballet

ם	א	ר	ל	א	ר	צ	מ	ד	ס	ן	מ	ב	י	ע	ל
ב	ש	מ	ט	צ	ט	ט	ו	ג	ן	ג	ג	ד	ש	א	ף
מ	פ	ן	נ	ל	פ	צ	ז	ס	ל	מ	נ	נ	ג	צ	ם
ח	צ	ר	ע	ו	נ	נ	י	ח	ס	ע	ש	ו	ל	ו	ס
ו	ף	ת	מ	ג	ת	ה	ק	י	נ	כ	ט	פ	ן	ל	כ
ו	ח	ז	ג	ר	מ	י	ה	ה	ב	ש	ל	ם	ד	מ	ם
ה	ג	מ	ר	ת	ה	י	פ	ר	ג	ו	א	י	ר	ו	כ
ר	ה	ו	ד	ב	א	כ	ו	ס	מ	ן	ל	ר	ר	ף	ה
ז	ם	ר	ע	א	ם	ח	ם	מ	ק	ה	ל	ו	ק	ד	צ
ח	פ	ת	ט	ם	ס	י	ר	נ	נ	ט	ט	ע	ד	ר	ן
ש	ר	י	ר	י	ם	נ	ן	ת	ח	ו	ם	י	נ	ט	ס
מ	ל	ח	י	ן	צ	נ	ל	ב	ש	ל	ת	ש	י	ל	פ
נ	פ	כ	ק	צ	ב	י	נ	ח	ר	א	מ	ב	ם	ה	ף
ר	ח	ד	ם	ד	מ	ם	ם	ם	כ	כ	צ	פ	ב	ג	ם
ב	מ	ח	ד	ט	ב	ן	ב	ט	ה	צ	ו	צ	ף	ת	א
ס	ט	ר	ת	ג	ע	נ	ת	ג	ס	נ	ע	ב	ה	ש	ד

אמנותי
קהל
כוריאוגרפיה
מלחין
רקדנים
מביע
מחווה
חינני
עוצמת
שיעורים

שרירים
מוזיקה
תזמורת
תרגול
חזרה
קצב
מיומנות
סולו
סגנון
טכניקה

47 - Fashion

נ	מ	א	מ	ל	מ	ל	ל	ש	פ	ב	ח	מ	פ	ח	ן
מ	ג	ל	ע	נ	ו	ח	ד	ס	ג	נ	ו	ן	ה	ש	ל
מ	מ	א	ש	ת	צ	ת	ב	ן	ל	ד	ג	ע	ר	צ	צ
ל	ה	ע	י	נ	כ	ב	ל	ב	ר	ב	ת	ו	ד	י	מ
ט	ה	מ	י	פ	צ	א	ט	נ	פ	א	ה	נ	ה	ר	ש
כ	ת	ם	ט	א	ם	ת	י	ע	ם	כ	ל	צ	ן	ו	ר
נ	ב	ב	ס	ל	צ	ן	ן	י	ט	נ	ג	ל	א	ק	ג
א	נ	ב	י	פ	ט	ן	ן	ל	צ	א	ע	ן	ג	מ	מ
ה	י	ר	ל	ע	מ	י	ה	ל	ן	ט	ה	כ	ד	ל	פ
ס	ת	ט	מ	ש	מ	ק	כ	ם	מ	ם	ח	ל	ע	ש	ם
ג	ף	ט	י	ף	ת	ר	ב	ב	ם	ק	ר	מ	ו	ם	ח
נ	פ	ס	נ	ט	ו	ר	ע	ר	מ	ט	ר	ט	פ	ט	ל
ח	ג	ס	י	ה	ח	ר	ש	פ	ע	פ	ר	ן	ט	ם	ה
מ	ן	נ	מ	ח	כ	ת	ב	ו	ט	י	ק	צ	ס	ם	ס
פ	נ	ח	ט	ן	ם	ן	ג	ת	ג	א	מ	ר	ן	ם	ש
ר	ל	ע	ת	ר	ן	ן	ב	ת	ח	ר	ה	ם	ף	ת	ל

מודרני
צנוע
מקורי
תבנית
מעשי
פשוט
מתוחכם
סגנון
מרקם
מגמה

בוטיק
לחצנים
נוח
אלגנטי
רקמה
יקר
בד
תחרה
מידות
מינימליסטי

48 - Human Body

פ	ט	צ	ד	ל	פ	ף	ג	ל	ס	ת	א	ן	ח	ת	צ
ט	ד	ג	ו	ף	ן	ל	ם	ו	ה	ש	ו	ל	כ	ת	ה
ג	ם	ה	ף	ו	ף	ב	ט	ס	ש	צ	ז	ן	כ	ח	ד
מ	ר	פ	ק	ה	א	ה	ד	ר	ל	מ	ן	ל	כ	ם	ט
כ	ט	ש	ה	ד	ה	ר	נ	ק	ה	צ	ב	ף	ג	כ	ח
ל	נ	ט	ר	פ	ה	ב	ע	ג	ל	נ	ס	ט	ש	ג	ש
ש	ס	מ	א	ש	צ	ר	ב	ם	ג	א	כ	כ	ת	פ	צ
ד	ר	פ	ט	ג	ר	ן	ן	ת	ן	ד	ח	א	ה	ג	כ
ן	צ	ף	ט	מ	ן	ג	ד	ן	ם	נ	מ	ל	ע	ש	ד
ס	ה	ס	נ	ג	ן	ד	ל	ע	ו	ר	ן	ט	ף	ס	ם
צ	פ	ם	פ	ת	ס	כ	ר	ט	ם	ם	ד	ה	צ	ע	ף
ח	ר	ע	ב	צ	א	פ	כ	ל	ש	ם	ד	ס	ת	ן	מ
מ	ו	ח	ר	ל	ע	נ	ד	ף	ף	פ	ף	ב	ר	ם	צ
ר	א	ש	ך	ם	ד	י	כ	ה	ם	ן	נ	ב	ת	ס	כ
א	מ	ט	ב	ה	ג	ם	ע	צ	מ	ו	ת	ס	כ	ת	ף
נ	ת	א	ט	ס	א	ם	א	ט	ט	ם	ח	ש	א	א	ה

ראש
לב
לסת
ברך
רגל
פה
צוואר
אף
כתף
עור

קרסול
דם
עצמות
מוח
סנטר
אוזן
מרפק
פנים
אצבע
יד

49 - Musical Instruments

ט	ת	ת	ה	ת	ח	ג	י	ט	ר	ה	ח	כ	ה	ה	ה
ב	כ	ף	א	ד	פ	צ	ה	ג	ב	ח	ת	ה	ר	א	ג
מ	מ	פ	ט	ח	ף	א	ו	ל	צ	ף	א	ט	ה	ר	ב
ל	ח	ג	ן	ס	ל	ב	נ	צ	ל	ר	נ	ס	ג	ה	ח
ד	פ	ס	א	ב	י	ו	ר	ה	ר	ט	ן	ל	ה	ף	ה
א	ש	ן	א	ף	ל	ב	ט	פ	ו	ה	פ	ס	נ	ת	ר
מ	ע	מ	ע	נ	ח	ח	ר	ש	נ	ס	ג	ן	י	נ	פ
ת	ה	ת	ס	ט	ה	ף	ו	פ	י	ת	ת	ו	ל	ק	מ
נ	ח	ו	ע	כ	ד	א	מ	ף	כ	ש	מ	ס	ו	פ	ם
ס	נ	ף	ג	ר	ס	ג	ב	צ	ל	ר	א	ב	ד	כ	ן
מ	צ	פ	מ	ע	ט	ל	ו	ב	ן	ד	ם	ל	נ	ח	ע
ר	ל	ה	א	ר	נ	כ	ן	ן	נ	ע	ש	צ	מ	נ	ף
ן	ש	ף	ב	ת	י	ח	ו	פ	מ	ג	נ	ו	ג	ל	צ
ש	ן	א	ם	י	ר	מ	ף	ו	ת	ב	ו	ט	ב	צ	ם
כ	ה	ס	צ	ח	ל	ר	ב	ס	ק	ס	ו	פ	ו	ן	ש
נ	ת	ף	נ	כ	ק	ס	ג	ה	ר	נ	צ	ח	כ	נ	ל

בנג'ו
בסון
צ'לו
קלרינט
תוף
מקלות תיפוף
חליל
גונג
גיטרה
מפוחית

נבל
מנדולינה
מרימבה
אבוב
פסנתר
סקסופון
תוף מרים
טרומבון
חצוצרה
כינור

50 - Fruit

א	ג	ס	ע	ע	נ	ה	פ	ד	א	ד	ע	כ	ח	נ	ה
ק	ח	ן	א	ט	ב	ג	ג	מ	ן	ב	ד	ב	ו	ד	ג
ר	י	מ	ג	פ	ר	צ	צ	ל	ע	ר	ו	א	פ	נ	פ
א	ם	ו	ם	ה	נ	כ	א	ת	ן	ם	ג	ק	ת	צ	ן
פ	ה	נ	ו	ה	ף	ל	ס	נ	נ	א	נ	ב	ד	ט	ו
ר	ה	ש	ח	י	ס	מ	ג	ק	ל	ן	מ	ע	ב	ו	מ
ס	ו	ק	ו	ק	ד	ת	ה	ט	א	ן	פ	פ	ם	ף	י
ק	ר	מ	ג	א	ל	ד	י	ר	ב	כ	כ	צ	ע	ח	ל
ר	ן	ס	ג	ח	ן	ט	ה	י	ת	כ	ר	נ	כ	ה	ט
ד	ח	ד	נ	מ	ל	ו	ן	נ	א	ר	ח	מ	ה	ג	פ
ל	ש	ד	ל	ל	ד	ג	ם	ה	נ	נ	ב	צ	ג	ם	א
ד	ט	מ	נ	ל	צ	פ	נ	י	ה	ב	א	י	ו	ג	ח
ת	ח	ע	ש	ן	ס	ב	כ	א	פ	מ	ל	ת	צ	נ	ע
ח	נ	ט	ד	מ	ש	נ	ע	פ	צ	ד	ב	ט	ף	ף	צ
נ	ת	ד	ש	ף	ש	ן	ל	פ	כ	כ	ט	מ	מ	ע	ג
א	ם	ל	צ	ת	א	ת	פ	ג	נ	א	ף	ד	ר	ל	ת

קיווי
לימון
מנגו
מלון
נקטרינה
פפאיה
אפרסק
אגס
אננס
פטל

תפוח
משמש
אבוקדו
בננה
ברי
דובדבן
קוקוס
תאנה
גפן
גויאבה

51 - Engineering

ח	ע	ם	ן	ף	ס	ת	ל	ס	א	ג	מ	כ	ו	נ	ה
ר	ף	צ	ק	א	ם	א	פ	כ	ס	נ	ע	ל	ס	נ	ד
ל	מ	ו	מ	ר	י	נ	ש	נ	ל	ז	ו	נ	ע	ס	ד
פ	ט	פ	ו	ד	פ	צ	א	נ	ר	ג	י	ה	נ	כ	ה
ר	ם	ע	ע	ב	ו	ש	י	ח	י	ם	ת	ר	נ	ד	פ
ב	ה	נ	ב	מ	נ	ב	נ	ח	צ	י	ס	ז	ב	י	צ
א	ע	ע	ו	נ	מ	ן	ד	ט	ד	כ	ו	ח	ה	ז	ה
ד	ג	ש	פ	ד	צ	ר	א	ר	ח	ו	ג	ד	כ	ל	א
ס	ם	ג	ח	ב	א	ע	ת	ר	י	ל	נ	ח	מ	צ	נ
כ	כ	ע	ר	מ	ט	ד	ה	ת	צ	י	צ	י	ב	ו	ת
ם	ל	ר	ח	ח	ש	ר	ע	ג	ש	ה	ת	ט	נ	ן	ף
ם	ש	ע	ר	ה	ד	י	ד	מ	ג	ם	ר	א	י	ס	ש
ב	נ	ר	ן	א	ף	ה	נ	ף	ה	ד	ש	ש	י	ם	ג
ג	ח	צ	ל	ן	ג	ם	ף	ר	ל	פ	י	צ	ה	ט	א
ח	נ	ג	ה	ם	ט	פ	ל	ה	נ	ס	ם	ה	ם	פ	כ
ה	ס	ה	ח	ן	נ	ף	ר	כ	ב	פ	ף	ג	ר	ה	ב

הילוכים
מנופים
נוזל
מכונה
מדידה
מנוע
הנעה
יציבות
כוח
מבנה

זווית
ציר
חישוב
בנייה
עומק
תרשים
קוטר
דיזל
הפצה
אנרגיה

52 - Kitchen

ח	ד	ת	מ	צ	ד	ב	ל	כ	ד	ן	ס	פ	ת	צ	כ
נ	ס	ש	נ	ק	פ	ף	צ	נ	ד	ע	ח	ף	ט	נ	פ
א	ח	ל	ע	ע	ל	ר	ן	ן	מ	מ	פ	ח	ס	צ	מ
מ	א	כ	ע	ר	ם	ו	ל	ן	ק	נ	ע	פ	ח	נ	ג
ד	ע	מ	ש	ס	מ	פ	ת	ד	ר	כ	כ	ה	ח	ת	צ
ח	ס	כ	י	נ	י	ם	ו	א	ר	ה	ן	פ	צ	מ	ף
מ	ר	ט	ן	ה	ן	י	ס	י	כ	פ	כ	ג	ג	ז	ם
ת	ו	ג	ל	ז	מ	נ	ו	פ	נ	י	ת	פ	ש	ו	ע
כ	א	ן	ם	צ	ח	י	כ	ק	כ	ח	ל	ת	י	ן	א
ו	ס	פ	ו	ג	ס	ל	ם	מ	ן	ב	ע	ה	מ	ו	ה
ן	כ	פ	ק	ן	ף	ב	מ	נ	ע	נ	כ	ר	פ	ט	ת
ם	כ	ש	מ	ש	ס	ת	ג	ר	י	ל	ר	ע	י	נ	ר
ס	ג	מ	ו	ע	ט	ן	נ	ה	ם	כ	כ	ק	ת	ע	פ
א	ם	ש	ק	ט	נ	ב	נ	ב	ר	פ	מ	מ	ע	ף	פ
ל	א	כ	ו	ל	ע	ס	י	נ	ר	ו	נ	ת	ד	ד	כ
ה	ה	פ	ן	מ	ה	נ	פ	ן	צ	ד	ד	ן	א	ט	נ

קומקום
סכינים
מפית
תנור
מתכון
מקרר
תבלינים
ספוג
כפיות
לאכול

סינר
קערה
מקלות אכילה
כוסות
מזון
מזלגות
מקפיא
גריל
צנצנת
כד

53 - Government

ף	ה	ם	א	ל	ד	ח	ה	ת	ו	ד	ג	נ	ת	ה	ד
ע	צ	מ	א	ו	ת	ט	ם	ב	ן	ו	י	ו	ו	ש	ע
ף	נ	ן	ל	צ	ח	ן	ד	ת	מ	ן	ח	ב	ס	ב	ל
ר	א	נ	ד	ר	ט	ה	כ	ה	ת	ב	ן	א	ו	ס	ה
ת	ף	ח	ב	ם	ט	ע	נ	ד	י	ו	ן	ע	י	ר	צ
צ	ם	ל	צ	ב	ח	ף	צ	צ	מ	ב	ט	נ	ל	מ	ס
ח	כ	פ	פ	ר	כ	ף	ר	ד	ה	ג	ף	צ	ש	פ	ט
ס	ר	ל	א	ש	ע	ל	א	ח	י	ר	ו	ת	מ	ם	כ
ד	ף	ס	ש	ם	א	ר	ן	פ	א	ם	ט	ם	ט	ע	א
נ	ג	ש	צ	ס	ע	ה	ק	י	ט	י	ל	ו	פ	מ	ש
מ	ה	י	ט	ר	ק	ו	מ	ד	ף	ט	א	א	ע	צ	כ
מ	ק	פ	מ	כ	ע	ט	ג	ו	ס	פ	ד	ף	פ	ב	כ
ב	ו	ו	ם	ת	ו	ח	ר	ז	א	ש	י	צ	ש	ל	פ
ר	ח	ט	מ	ש	ה	ם	ו	כ	ש	מ	ב	ס	ת	ה	צ
ה	ב	י	ן	ס	ת	ח	ף	ק	ד	צ	ת	ד	כ	ה	ס
א	צ	ט	ע	ף	ר	ש	ף	נ	ב	ש	ס	ן	צ	ח	ט

אזרחות	חוק
אדיב	משפטי
חוקה	חירות
דמוקרטיה	אנדרטה
דיון	אומה
התנגדות	שליו
שוויון	פוליטיקה
עצמאות	דיבור
שיפוטי	מצב
צדק	סמל

54 - Art Supplies

ט	פ	א	ד	ק	ם	מ	ר	פ	ם	כ	ט	ם	כ	כ	ה
ס	ס	ת	ו	י	ת	ר	י	צ	י	י	ק	ב	ד	ט	ת
ת	ט	ר	ה	ל	ו	ו	י	ם	מ	ס	ח	ן	ל	ר	נ
ה	ל	נ	ח	י	ש	י	נ	ח	י	א	מ	נ	ן	ה	ל
מ	י	ת	ג	ר	ר	צ	מ	פ	ע	פ	ר	ו	נ	ו	ת
מ	ם	ע	ת	ק	ב	ן	ט	ן	ב	ן	ה	מ	א	י	ת
ן	ט	ם	ח	א	מ	כ	ע	נ	צ	ש	מ	ן	פ	ד	ש
ר	ע	י	ו	נ	ו	ת	ל	ב	צ	ס	ל	ג	ס	ס	ר
נ	ב	ה	כ	ם	נ	ה	ה	צ	א	ה	צ	ג	ש	ת	פ
ב	ם	מ	פ	ד	ש	ן	מ	פ	ם	כ	מ	ע	מ	א	ג
ס	מ	נ	א	א	צ	ט	ב	א	כ	ה	נ	צ	ש	צ	ם
ף	ף	ב	ב	ת	ע	ס	ג	ט	כ	ן	ה	ט	ת	ת	ת
ב	כ	ד	מ	ע	ת	ם	מ	ל	ן	ט	ד	ת	ג	ב	ח
ת	פ	כ	ל	ג	כ	ת	צ	ג	ב	ח	ף	ע	ה	ל	נ
ג	נ	ר	צ	ב	ע	י	ם	ג	פ	ח	ח	צ	נ	ם	צ
א	ג	ר	ת	א	ש	ל	נ	ט	ם	פ	צ	א	ר	ן	ס

אקריליק
מברשות
מצלמה
כיסא
פחם
חרס
צבעים
יצירתיות
כן ציור
מחק

דבק
רעיונות
דיו
שמן
נייר
פסטלים
עפרונות
טבלה
מים
צבעי מים

55 - Science Fiction

ח ר ן א ע ג ע ם ט ד ל ר כ נ א א
ם ו ע ל ת ח ף ח ל כ ח ן פ מ ו ה
ד ב ס נ כ פ ע ר פ ג ן ג ע ט ר ע
צ ו ה פ ל ל ה כ ס ם ה צ ו א נ פ
ס ט פ מ ב צ ס פ ר י ם פ ג ט ב ל
ל י ג ט כ נ ו ל ו ג י ה פ פ ג ם
מ ם ל מ ו צ כ ל ס ה ל ט ת ג נ ן
ד ק ע ת כ ב ב פ א נ ק ם ת ת ם א
ת י ד ע צ ה ב ש ג ם י ס ע ת ל ט
ע צ ח ן ד ג נ ב ע נ מ ל ק ר ו א
ם ו צ ן ל פ נ ט ס ט י ח י ת ע ש
ה נ ע ק ה י ל ש א י כ פ נ ע ת ף
ח י ס ע ו נ ל ו ק מ ס ת ו ר י ף
ה י ף ן פ ד ה י פ ו ט ס י ד ד ם
ה ה ט ר ח ב פ ב ת ט ג ט מ ס נ ת
פ ג ד ש ץ ו צ י פ א ף פ ד כ י ת

גלקסיה
אשליה
דמיוני
מסתורי
אורקל
כוכב לכת
רובוטים
טכנולוגיה
אוטופיה
עולם

אטומי
ספרים
כימיקלים
קולנוע
דיסטופיה
פיצוץ
קיצוני
פנטסטי
אש
עתידני

56 - Geometry

ז	ם	ג	ס	צ	ח	מ	ר	פ	ף	א	ן	ה	צ	ף	ד
ו	ב	ט	ף	ם	ח	ח	צ	י	ו	ן	א	צ	פ	ב	ב
ו	ל	ס	ט	כ	ם	ר	ש	פ	ה	ש	ל	ל	ב	ם	ש
י	פ	ע	כ	ש	ב	ר	ק	ל	ט	ר	ר	ר	ח	ף	ת
ת	ע	ע	מ	ק	ב	י	ל	צ	ל	ס	מ	ד	ן	כ	ן
א	ח	ע	ב	ע	ו	ל	מ	ח	ו	ד	מ	מ	ח	נ	ב
ה	ר	ט	ו	ק	ש	ח	ג	ף	ג	ל	ג	ע	מ	מ	ד
ב	ף	ק	צ	ס	י	ר	ד	ח	י	ד	ף	ג	ש	כ	ת
ן	ד	ד	ל	ן	ח	ל	ן	ס	ק	ל	ג	ו	ל	ף	ש
ט	ב	ה	כ	נ	ר	ג	ו	ב	ה	ת	ו	א	ו	א	ן
ר	מ	ס	ה	י	ר	ו	א	י	ת	א	ע	ן	ש	ג	ן
ח	פ	ר	ו	פ	ו	ר	צ	י	ה	ם	ר	צ	מ	ל	ח
מ	ש	ב	ס	ש	נ	ס	מ	נ	ש	ד	ש	ח	ע	ד	נ
פ	ה	מ	ת	ע	ע	ק	ו	מ	ה	י	ר	ט	מ	י	ס
צ	מ	נ	ח	כ	ר	צ	ר	ף	מ	ט	ף	ש	ש	ר	ח
ס	ת	ה	ת	ד	ע	מ	נ	ם	צ	ד	ר	מ	ב	א	ע

זווית
חישוב
מעגל
עקומה
קוטר
ממד
משוואה
גובה
אופקי
לוגיקה

מסה
חציון
מספר
מקביל
פרופורציה
קטע
משטח
סימטריה
תיאוריה
משולש

57 - Creativity

ס	ף	פ	ם	כ	ט	ט	ג	ס	ס	ל	ס	ע	ת	ב	א
ר	ן	פ	כ	א	ב	ד	כ	כ	פ	א	ר	ע	ח	ה	ו
מ	ו	ם	ע	ש	ב	ט	צ	ע	ח	ו	ט	ם	ו	י	ת
ף	י	ש	ת	ר	ש	כ	ח	פ	ז	ג	נ	ף	ש	ר	נ
פ	מ	פ	ם	ה	מ	צ	א	ה	י	ד	פ	ט	ה	ו	ט
נ	ד	ת	ג	ף	ף	ג	ן	י	ו	ס	פ	ש	נ	ת	י
ט	ט	ג	ש	ב	צ	פ	א	צ	נ	ט	ר	ת	ו	י	ו
ע	ב	צ	ל	ס	ה	ב	כ	י	ו	ת	א	ר	מ	ט	ת
ע	ם	י	ה	ש	ר	א	ה	א	ת	ח	ט	ה	ת	מ	ו
נ	ח	ט	ט	צ	ן	פ	צ	ו	ב	ד	ש	ט	ו	ר	ש
ז	ת	פ	ע	ו	כ	ב	ד	ט	מ	ת	ס	ת	י	ד	ג
י	ג	ת	ל	ש	י	ת	ו	נ	מ	א	ה	מ	נ	ם	ר
ל	ש	נ	ם	ל	ם	ט	כ	י	ת	מ	ש	ע	ו	ר	ר
ו	ת	נ	ד	ע	נ	ס	א	א	ם	כ	ט	צ	י	ב	ט
ת	ו	נ	ו	י	ע	ר	ש	ע	כ	ם	נ	ג	ח	ט	ל
ע	ו	צ	מ	ת	ו	נ	מ	ו	י	מ	ר	ג	ס	ם	כ

אמנותי
אותנטיות
בהירות
דרמטי
רגשות
ביטוי
נזילות
רעיונות
תמונה
דמיון

רושם
השראה
עוצמת
אינטואיציה
המצאה
תחושה
מיומנות
ספונטני
חזיונות
חיוניות

58 - Airplanes

א	ט	פ	פ	ס	ס	ג	ס	ד	ג	ר	ד	צ	מ	צ	ת
ד	ו	ל	ג	ש	נ	ח	מ	מ	ש	ס	ל	ל	נ	ת	ם
כ	ד	ו	ם	ס	ט	ה	ת	י	ח	נ	ע	ס	ו	נ	נ
ל	ר	פ	י	ב	מ	י	מ	ן	ו	ו	י	כ	ע	נ	ש
צ	ם	ט	פ	ר	ת	ר	ג	ו	ע	ף	ק	ס	ע	ר	ה
צ	ס	צ	ח	א	ר	ו	נ	ל	ס	ר	ר	ש	ג	ש	א
ו	ת	ן	ד	ן	ת	ט	מ	ב	פ	ט	כ	ן	ש	ם	ט
ו	ד	ת	מ	ע	פ	ס	א	ף	ה	פ	ד	ג	ט	ת	מ
ת	ג	מ	ת	נ	ה	י	י	נ	ב	פ	ל	ה	ח	ט	ט
י	ר	י	ד	ה	ב	ה	ש	י	ט	ה	ק	ד	צ	ם	א
ן	ה	צ	ג	ר	ו	ת	ע	ב	ט	ת	ר	מ	צ	ב	ח
ב	ד	ת	ר	ד	ג	ד	צ	ף	ס	כ	כ	פ	ר	ב	ב
ף	ב	ר	כ	מ	ט	כ	ם	ח	א	א	ט	ע	ת	נ	ג
א	ו	ו	י	ר	ה	ף	ע	ת	כ	פ	ס	נ	א	ק	ה
ף	ג	צ	כ	ס	ס	ר	ף	א	נ	ע	ף	צ	ם	ש	ה
ת	ע	י	צ	ו	ב	ת	מ	ב	ם	ב	ן	כ	ד	ח	ס

הרפתקה
אוויר
אווירה
בלון
בנייה
צוות
ירידה
עיצוב
כיוון
מנוע

דלק
גובה
היסטוריה
מימן
נחיתה
נוסע
טייס
מדחפים
רקיע
סערה

59 - Ocean

ד	ט	כ	ת	ר	ת	ט	צ	ל	צ	כ	מ	ת	ב	צ	ל
א	ל	מ	ו	ג	ם	ט	ס	א	ט	ב	ג	ע	מ	ה	ן
ב	ע	ב	צ	ן	צ	ח	ג	ל	פ	נ	ב	ב	ד	ם	ה
ד	מ	ל	א	ח	ה	ע	ן	מ	ב	ח	ח	ד	צ	ר	ש
נ	ם	ג	ף	ה	צ	ט	ר	ף	ס	ל	ס	ב	פ	ס	ד
מ	ט	מ	ד	ה	ת	פ	נ	ן	ר	פ	ת	א	צ	ג	ש
ף	ד	ג	ו	פ	ס	ן	ל	ל	ט	ש	מ	מ	ע	א	ו
ן	ה	פ	ל	ד	נ	ח	ש	נ	ן	ו	מ	י	ד	ט	נ
ס	ל	ן	פ	צ	כ	פ	צ	ח	ת	ת	ל	ן	ר	ס	י
א	ה	ט	י	ל	ס	ע	צ	מ	י	ו	ח	כ	ם	ש	ת
ה	ל	ח	ן	נ	ן	צ	ל	א	ו	א	ג	כ	ד	י	ב
ל	ש	ס	כ	כ	ס	ע	ו	ם	ו	ג	ר	נ	ל	ר	ע
ס	ע	ר	ה	ה	ט	מ	פ	ט	ל	ם	ם	ג	ח	כ	ד
ף	פ	ת	ב	צ	א	ו	ח	ל	ש	ה	ב	פ	ל	ן	ר
ת	מ	נ	ו	ן	ל	ט	נ	ן	צ	ב	ג	ח	פ	י	פ
ב	ת	ה	ג	ע	מ	פ	ף	ה	ז	ו	ד	מ	ל	ט	ם

אצות
אלמוג
סרטן
דולפין
צלופח
דג
מדוזה
תמנון
צדפה
שונית

מלח
כריש
שרימפס
ספוג
סערה
גאות ושפל
טונה
צב
גלים
לוויתן

60 - Force and Gravity

ל	ל	ע	מ	ג	ת	ת	ס	נ	ת	כ	ם	ן	כ	נ	א
ס	כ	ר	ם	ל	כ	ה	ם	כ	ב	ו	ך	ו	כ	י	ח
ף	ח	ח	ת	ג	ם	ע	מ	ס	פ	כ	צ	ה	פ	ח	ש
ק	ף	ב	ה	ד	י	נ	מ	י	ח	ב	ה	ג	מ	כ	נ
ח	צ	ף	ר	ה	כ	מ	ד	ם	ס	י	א	ע	ג	ט	נ
ף	כ	ע	פ	י	ז	י	ק	ה	ם	ל	ה	ת	צ	ר	כ
ן	ת	ת	מ	כ	מ	צ	י	ר	ם	כ	ש	ת	כ	ז	ב
ן	ע	מ	ר	ר	ס	ח	ל	ח	ץ	ת	פ	ף	ע	מ	פ
פ	נ	מ	ש	ק	ל	ן	ט	ב	א	ו	ע	ד	ג	ן	ד
מ	ג	נ	ט	י	ו	ת	כ	ה	ד	ר	ה	ף	ם	ס	ה
ר	ם	ן	ב	צ	ל	ס	נ	א	צ	י	ו	ל	י	ג	ם
ל	ג	ג	נ	מ	פ	נ	ר	ט	ע	ה	ק	י	נ	כ	מ
ה	ד	ת	מ	א	ר	נ	ת	מ	ת	מ	מ	ע	ד	ה	ש
ש	מ	ף	ף	ה	ף	ר	ת	ש	צ	ט	מ	ג	ל	מ	ל
ט	ח	ן	ע	ר	נ	ג	ב	ה	ע	ו	נ	ת	א	ם	ה
ס	צ	ש	צ	ב	ר	כ	י	ל	ס	ר	ב	י	נ	ו	א

תנועה
מסלול
פיזיקה
כוכבי לכת
לחץ
נכסים
מהירות
זמן
אוניברסלי
משקל

ציר
מרכז
גילוי
מרחק
דינמי
הרחבה
חיכוך
השפעה
מגנטיות
מכניקה

61 - Birds

ש	א	ש	ן	ם	ט	נ	ה	י	י	ק	ו	ק	ח	ה	ה
ק	ו	ג	ת	ה	ע	ע	ד	ע	כ	ף	ח	ש	ג	ש	ד
נ	ו	ד	נ	מ	ם	ר	י	ן	ר	ו	ב	ר	ב	נ	ח
א	ז	ב	נ	ט	ד	מ	ס	ב	ו	ע	ת	ב	ר	ו	ע
י	ע	ן	ש	ל	ה	נ	ח	ת	ר	ש	נ	א	י	ר	ג
ף	ף	א	ח	ט	נ	ח	ע	ע	ד	ע	ח	ה	ד	צ	מ
פ	מ	נ	ג	ל	ן	כ	כ	ע	ת	כ	מ	ה	צ	ב	ה
ח	ל	ע	ה	ע	ת	ב	מ	ם	ס	ח	צ	ח	ש	ם	פ
א	ל	מ	נ	ח	ת	ר	ז	ב	ת	ב	ע	ם	ס	צ	נ
ב	צ	ף	י	ה	ר	ט	ו	ו	ס	ה	ם	א	פ	ם	א
נ	ד	נ	ש	נ	ף	כ	ו	ר	ם	נ	ל	ס	ט	ש	פ
ץ	מ	ד	נ	א	ג	פ	ר	פ	י	נ	ג	ו	ו	י	ן
ב	ת	ג	ר	ג	ל	ו	ב	ג	ס	ב	נ	כ	מ	ס	נ
א	א	ם	ה	ש	ה	ט	ו	ק	א	ן	א	ט	נ	צ	ש
ף	ע	ג	ט	ן	צ	ל	ב	ם	ב	ס	ר	ת	ב	כ	ם
ח	א	ה	ט	ס	פ	כ	ת	ד	כ	ת	ח	ע	ד	ן	ס

עוף
עורב
קוקייה
ברווז
נשר
ביצה
פלמינגו
אווז
שחף
נץ

אנפה
יען
תוכי
טווס
שקנאי
פינגווין
דרור
חסידה
ברבור
טוקאן

62 - Nutrition

ה	ט	ר	ם	ע	ט	ש	מ	ף	נ	ן	ע	ר	מ	ה	ק
ר	ן	ף	נ	ה	י	ש	ת	א	ת	ר	ג	ר	א	ר	ל
ר	ו	ט	ן	ד	ע	כ	ת	ו	א	י	ר	ב	ו	ג	ו
צ	ב	ט	ם	נ	ה	ם	ו	ב	ת	כ	כ	נ	ז	ל	ר
ף	א	ר	ב	ג	ן	ב	מ	ל	ר	ע	ל	ן	ן	י	י
ג	י	ח	י	ן	ה	ט	י	ק	נ	ם	צ	ם	י	ם	ו
ש	ת	ע	ה	א	ן	ר	מ	ש	ם	ג	ח	פ	מ	ט	ת
ד	ה	נ	ף	ר	ר	א	ח	מ	צ	ן	ס	ר	ט	ת	ו
ת	ה	א	פ	ן	ח	ה	פ	א	ב	ג	ר	ף	י	מ	כ
ף	ם	ג	נ	ת	ט	צ	ת	כ	ח	ף	כ	מ	ו	ז	י
ד	מ	ר	י	ר	פ	ח	ר	י	ת	ס	י	ס	ה	י	א
ח	ל	ב	ו	נ	י	ם	פ	ל	ר	ה	ב	ף	ט	ן	ר
ה	ב	פ	ג	ר	ב	ם	מ	ע	כ	ת	ה	נ	א	ג	ע
ל	נ	פ	ב	ם	ם	מ	ם	מ	ס	ף	ע	נ	י	ר	ש
ס	א	פ	ח	נ	ה	נ	צ	ה	ס	כ	ה	ס	ד	ף	פ
ל	ן	ג	ג	ב	ל	ר	ף	נ	ח	מ	מ	ט	א	ה	ס

הרגלים
בריאות
בריא
מזין
חלבונים
איכות
רוטב
רעלן
ויטמין
משקל

תיאבון
מאוזן
מריר
קלוריות
פחמימות
דיאטה
עיכול
אכיל
תסיסה
טעם

63 - Hiking

ב	ר	ן	ה	ג	א	פ	ם	ש	מ	ש	ף	ע	ג	פ	ן
נ	צ	ף	ס	ע	א	א	ח	י	ו	ת	ף	ן	מ	ס	ה
ף	ם	י	נ	ב	א	ר	ם	ס	ל	ו	ע	ש	ע	ג	כ
ע	ה	י	ל	ט	כ	ק	י	ש	ח	נ	ט	י	י	ה	ה
ן	צ	ע	ע	ף	ו	י	י	ן	ר	כ	ב	ן	צ	נ	ד
צ	ה	פ	מ	צ	ח	ם	פ	ש	ד	ס	נ	ד	ס	כ	פ
ל	ר	ק	מ	פ	י	נ	ג	י	א	ר	פ	ח	פ	ה	ה
מ	ס	ח	ג	א	ד	מ	מ	נ	צ	ח	פ	ם	ל	ב	נ
ם	ף	פ	צ	ק	ם	ג	נ	ע	צ	מ	א	ג	ל	ד	כ
ג	ט	כ	פ	ל	ה	ב	פ	מ	ף	כ	ם	מ	א	ר	ן
ת	מ	ד	ר	י	כ	י	ם	ן	ג	נ	ל	ה	ם	ח	נ
ה	ב	צ	ת	ם	כ	ש	ס	ח	ת	ף	צ	ם	ת	נ	ל
כ	ח	ת	ע	ע	ב	נ	ר	מ	פ	ר	ע	ר	כ	ם	ת
ת	ט	ן	פ	ה	ג	ר	א	ל	נ	ח	א	ר	ה	ה	צ
ן	ס	ס	ס	ת	ר	מ	ב	ש	ם	כ	נ	ה	ת	נ	ב
ח	ע	ב	מ	ר	ן	נ	ש	ד	ע	ת	ע	ף	פ	ב	ן

חיות
מגפיים
קמפינג
צוק
אקלים
מדריכים
סכנות
כבד
מפה
הר

טבע
נטייה
פארקים
הכנה
אבנים
פסגה
שמש
עייף
מים
פראי

64 - Professions #1

ו ט מ ם ד ד ח א ע כ ן ד ח ל מ ש
ט פ ם ס ד ד ח ו ש א ע ג א ן ר ס
ר ד ו ק ט ו ר ר ש ש ו כ צ ב כ ד
י נ ה ל ת ך ד ר ש ג ר י ר ל ח א
נ צ י י ד צ ס ה ת ב ך ב מ ר נ ס
ר ב ע י ם ף ר ח ר ד ה ג פ ר ן ל
ם ת ן א ס ג מ י כ ם ש נ ת ף פ פ
מ ס ר ק ר ף ת י ש ל צ ם ן ם ת ג
ד מ ת נ ל ר כ ט ג ו ל ו כ י ס פ
ט מ נ ב ר מ ש ף מ ם ק נ ל א ת פ
ה ל ס ח צ א י ה ב ג ר ו מ ק ט ב
ת ט פ ן ל ם ט ב כ ד ט ר ל י ש ח
ע ן ף מ א מ ן ת ת פ ו ט כ ז ל ר
ח ר ר ב ג י א ו ל ו ג ס ף ו א ט
ע ם ל פ ש ר ת ע כ כ ר א ן מ א א
ג מ ס צ ע א ן ף כ נ ף ד ן ד ק ר

צייד
תכשיטן
מוזיקאי
אחות
פסנתרן
שרברב
פסיכולוג
מלח
חייט
וטרינר

שגריר
אסטרונום
עורך דין
בנקאי
קרטוגרף
מאמן
רקדן
דוקטור
עורך
גיאולוג

65 - Barbecues

א	ם	ג	מ	ת	ט	ק	י	ץ	ר	ע	ט	ש	ת	ח	ח
ם	ר	ף	ל	ס	ד	ד	ל	כ	ם	ט	ר	ן	י	פ	מ
ח	ן	ו	ר	כ	ג	ב	ת	ע	כ	י	ע	ת	ל	ס	ף
כ	ב	ע	ח	מ	ש	פ	ח	ה	פ	ר	ב	כ	ד	ה	ת
ח	ם	ר	ח	ת	ג	ת	מ	ק	י	ק	ר	ע	י	ל	ד
מ	ל	ע	י	ב	ע	ח	ל	י	ר	ו	ן	א	ם	מ	ב
נ	פ	מ	א	ם	ה	ר	ס	ז	ו	ת	ט	ס	י	א	ל
ל	מ	ז	ו	ן	א	ט	ב	ו	ת	ל	ר	ע	ט	ל	ב
ס	כ	י	נ	י	ם	צ	ה	מ	ו	ח	ד	ח	ל	ל	ח
צ	נ	מ	ף	ר	ו	ט	ב	ד	ג	ם	ב	ט	ס	ן	ח
פ	מ	כ	ב	ן	ט	כ	נ	ט	ל	י	ר	ג	נ	ב	ח
ן	ע	ן	ס	כ	ת	ב	ע	ש	ז	ק	ה	ח	ס	ט	ד
ש	ש	ב	ס	ת	ר	ן	ל	ל	מ	ח	ל	ש	ת	ת	פ
ס	ר	ע	ג	ב	נ	י	ו	ת	ט	ש	ר	מ	ף	ע	ת
כ	ל	ע	ן	ס	ח	ע	ח	ש	ש	מ	ת	מ	מ	ב	ר
ס	ל	ש	ב	ח	ף	ש	ג	ג	ף	ס	מ	מ	ח	נ	ח

חם
רעב
סכינים
מוזיקה
סלטים
מלח
רוטב
קיץ
עגבניות
ירקות

עוף
ילדים
ארוחת ערב
משפחה
מזון
מזלגות
חברים
פירות
משחקים
גריל

66 - Chocolate

ח	ש	ש	מ	א	ח	ה	ן	ן	פ	ף	כ	נ	מ	ק	ט
ם	ר	נ	ר	כ	ו	ס	ש	ן	ף	ת	א	ו	ר	ר	ה
ל	ע	ר	כ	פ	ע	א	ב	פ	ם	כ	פ	ג	י	מ	ה
ר	א	ב	י	ם	ה	ל	ח	ק	ת	מ	מ	ד	ר	ל	ר
ש	ף	כ	ב	ט	ש	ג	ב	ק	נ	ל	ט	ח	ג	ג	ר
נ	ד	ם	ו	ש	ש	מ	ד	א	ה	מ	כ	מ	ן	פ	ד
ב	ע	א	ן	ל	ח	ס	ס	ו	ק	ו	ק	צ	א	ל	ח
ש	א	ש	א	פ	ל	ט	ר	ת	ן	ה	ת	ו	ן	ס	ם
ג	ל	מ	ש	מ	ם	ת	ה	ק	ב	א	ל	ן	נ	ט	ע
ר	צ	צ	ר	ת	י	א	ש	ב	ו	ה	א	צ	מ	ח	ב
מ	ף	ל	ת	ם	ע	ט	ת	ק	ו	ת	מ	א	ש	ס	ג
ף	ש	ר	ת	מ	ט	ן	ו	ה	ב	ט	מ	ת	כ	ו	ן
ם	צ	ב	כ	א	מ	צ	ק	ז	ר	ח	נ	נ	ף	ף	פ
ק	ל	ו	ר	י	ו	ת	ק	נ	ק	ש	ב	י	ל	ב	כ
ר	פ	פ	ת	ש	נ	ת	ו	כ	י	א	ט	נ	ם	ת	ן
ת	ח	ע	ב	ח	ט	פ	ת	ג	ל	כ	ף	ל	ן	כ	מ

אהוב
מרכיב
בוטנים
אבקה
איכות
מתכון
סוכר
מתוק
טעם
לאכול

נוגד חמצון
מריר
קקאו
קלוריות
ממתק
קרמל
קוקוס
השתוקקות
טעים
אקזוטי

67 - Vegetables

ע	ן	ש	נ	ג	ל	ם	ף	ר	ש	ן	ת	כ	ה	כ	ר
ל	פ	צ	ם	ה	ף	ט	ג	ט	ת	ב	ר	ג	נ	י	ג
מ	ת	א	נ	ף	פ	ט	ר	י	י	ה	ד	ש	ח	ת	נ
ל	ד	ס	ג	ר	ע	ס	ן	ר	ע	ע	ג	ט	צ	ח	ד
פ	מ	ן	ן	ט	ס	א	ן	ט	ג	ת	נ	א	י	צ	ל
פ	א	ר	ט	י	ש	ו	ק	ר	ב	ב	ת	ו	ל	א	ש
ו	נ	ם	ר	פ	ש	צ	מ	ס	נ	פ	ח	פ	ן	ף	ב
ן	ב	פ	ב	א	ם	נ	ד	ל	י	ט	ח	ן	ה	ם	כ
ב	ל	ת	ת	י	ב	ו	ר	כ	י	ר	ה	כ	ר	ש	ס
כ	צ	ב	ע	ל	ד	ן	ש	ט	ה	ו	ל	ר	ב	ט	פ
ג	ג	ל	ל	ו	ל	ם	פ	ס	נ	ז	כ	ט	ן	מ	צ
ס	ס	ן	ד	ק	כ	ש	ד	ד	ו	י	מ	נ	ס	ת	ן
ט	ל	ס	כ	ו	ע	ת	נ	ת	פ	ל	ע	ה	ל	ב	ש
ד	ט	ר	ל	ר	ג	ה	ג	ף	א	י	א	נ	ח	ח	ן
ל	ט	ז	י	ב	ף	ט	ה	ב	נ	ה	ד	ל	ם	ב	ס
ד	ט	ג	פ	ד	ט	צ	ל	ם	צ	ח	ג	ל	ח	ת	ת

ארטישוק
ברוקולי
גזר
כרובית
סלרי
מלפפון
חציל
שום
ג'ינג'ר
פטרייה

בצל
פטרוזיליה
אפונה
דלעת
צנון
סלט
שאלות
תרד
עגבנייה
לפת

68 - The Media

מ	מ	ד	ס	ח	ע	ף	ף	ע	א	ח	א	ס	ם	ס	פ
י	ג	מ	ש	פ	ת	ב	ר	ס	ף	ס	ל	ת	ש	ס	ב
מ	ז	ת	ק	ח	ף	ל	ר	נ	פ	ב	ט	ס	ל	ד	ש
ו	י	ל	א	ו	ט	ק	ל	ט	נ	י	א	ע	ר	כ	ף
ן	נ	ת	ס	ה	מ	נ	ע	ו	ב	ד	ו	ת	ש	ב	ר
ו	י	ל	ט	י	ג	י	ד	ף	צ	י	ב	ו	ר	מ	ס
ו	ם	ס	ה	י	ח	ט	א	א	פ	ת	ל	ע	ב	ט	ם
ק	ר	ד	ה	ש	צ	ע	ט	ה	ר	ו	ד	ה	מ	ל	פ
מ	ר	ן	צ	ע	ש	ר	ל	ע	ס	נ	פ	ם	ש	ג	מ
נ	ף	ב	א	ת	ה	ח	ג	י	ו	ו	י	ד	ר	פ	ה
ח	א	ד	ת	ד	צ	ח	ש	ת	מ	מ	כ	ד	ה	ד	ת
נ	ח	ב	צ	ל	ע	ט	ג	ו	ו	ת	ח	ע	א	ן	ד
ט	ן	י	ר	ח	ס	מ	כ	נ	ת	ם	א	ה	ע	ף	מ
ט	ט	ם	נ	ש	ה	ב	מ	י	ם	ע	מ	ד	ו	ת	פ
ב	כ	ה	מ	ו	ת	ת	ט	ם	ת	ק	ש	ו	ר	ת	ע
פ	ע	ע	ר	ג	ך	צ	ף	ר	ף	ס	ס	ט	א	ע	ת

פרסומות
עמדות
מסחרי
תקשורת
דיגיטלי
מהדורה
חינוך
עובדות
מימון
תמונות

תעשייה
אינטלקטואלי
מקומי
מגזינים
רשת
עיתונים
מקוון
דעה
ציבור
רדיו

69 - Boats

ת ן כ ח מ א צ ק ב ח ע מ ף נ פ פ
ש כ ע כ י מ י ת ב ם ג ל ף ר נ פ
ה ט כ א י א מ ש ט ף ן ח ס ר ן ג
כ כ ח ד ק א נ ו ן מ ג א ו ת ד ש
ח ל ף ו צ מ ו ם ה א פ נ נ פ ל ר
ם ח כ ף צ ב ע ש ג פ פ ם י ד ב ג
ר כ ס ש כ א כ ם ב פ ש ח י ס ד ס
ג ב ד ד מ פ ע ל מ ס ע ע ק נ ת צ
ש ל ד מ פ ר ש י ת א צ צ ו ל ש ס
צ ת ח ן ג ו ע ו ל ב ח ט א ר ה ת
א ס ש ן ט ם ר ד ם ר ה ד ו ס פ ר
א ס צ ד ת ן ף כ פ ה ס כ ן א ן ו
ם נ ו מ ף ד ל ם ח ח פ נ ס ח ע ב
נ ה ו ע ם ר ע ם ם ג ש ת ס פ ד ע
ם ר ת כ ט ס ח ס ב ח כ ט ס ר מ מ
ט מ נ ד צ ש פ ס מ נ ט ב ח ט נ ף

ימי
אוקיינוס
רפסודה
נהר
חבל
מפרשית
מלח
ים
גאות
יאכטה

עוגן
מצוף
קאנו
צוות
עגן
מנוע
מעבורת
קיאק
אגם
תורן

70 - Activities and Leisure

ת	צ	ח	ד	ע	א	א	כ	ס	ר	פ	ת	ם	ב	א	ף
ח	ל	נ	י	י	כ	ד	ח	פ	ב	ן	כ	ר	כ	ש	ד
א	י	ג	ג	ג	ו	ל	ף	פ	ח	ת	ג	א	ף	צ	ן
ש	ל	צ	מ	ר	ף	ו	ר	ג	י	א	מ	ר	ו	י	צ
כ	ה	ש	ס	מ	ם	ב	ס	נ	ם	י	ב	י	ב	ח	ת
ט	י	ל	ף	ע	פ	ס	ל	י	ל	ף	ה	ש	י	ל	ג
נ	י	ה	ה	ח	ע	י	ס	פ	ן	ת	ת	ו	נ	מ	א
י	ח	ם	י	ל	ו	י	ט	מ	ן	ו	נ	י	ג	ף	כ
ס	ש	ג	ד	מ	ס	ב	ע	ק	ג	ע	ב	ג	ת	ד	א
ד	ל	א	נ	י	ס	ב	ד	ג	ה	י	ע	ס	ו	ח	צ
ט	כ	ס	ש	ר	ף	ע	א	ן	פ	ס	ט	ר	ן	כ	ת
ש	פ	ת	א	ו	נ	ח	ף	ם	ח	נ	ג	ד	ח	ד	פ
ת	ע	ד	מ	ץ	ט	פ	ס	צ	ף	ל	ל	ט	ת	ר	א
נ	ף	נ	ח	ש	ף	ע	ר	ו	ד	כ	ף	פ	צ	נ	ע
ב	כ	מ	ס	ע	ג	ה	ן	ד	ע	ס	ס	ת	ן	ש	ג
ת	ף	א	ת	ה	א	ה	ס	ד	ש	ף	ה	ט	פ	ס	ח

אמנות
בייסבול
כדורסל
איגרוף
קמפינג
צלילה
דיג
גינון
גולף
טיולים

תחביבים
ציור
מירוץ
מרגיע
כדורגל
גלישה
שחייה
טניס
נסיעות
כדורעף

71 - Driving

פ	נ	ה	ג	ל	ש	ה	ת	ל	כ	ב	ט	י	ח	ו	ת
כ	א	ר	ז	ם	מ	ו	ס	ך	ח	מ	ם	ס	ן	א	י
ת	ם	ה	ג	ת	ד	ל	ק	א	נ	ש	א	נ	ו	כ	נ
ע	ו	נ	פ	ו	א	כ	ד	ו	ת	ע	ף	נ	י	ב	ו
ף	ן	מ	ם	ר	כ	י	ע	ס	כ	נ	ה	ע	ש	י	כ
כ	פ	צ	ה	י	ת	ר	ע	ר	ף	ן	ע	ח	י	ש	מ
מ	ה	ר	ף	ה	ן	ג	ס	מ	ד	ח	ו	ח	ר	ף	מ
פ	ב	ג	ה	מ	ל	ל	ע	ד	ר	ר	נ	מ	ב	ם	ם
מ	כ	צ	ה	ן	פ	ע	מ	ש	א	י	ת	א	ל	ם	ס
ע	צ	צ	ה	ג	ע	א	ד	ר	ן	ט	מ	ג	ח	ה	ר
ט	ם	ג	ב	נ	מ	ט	כ	ח	ח	ן	ח	ט	ר	ף	ג
ר	ס	מ	ן	ב	ש	ס	ן	מ	ם	י	מ	ל	ב	ת	ס
ן	א	ה	א	ף	ט	נ	פ	ש	ם	ה	צ	ד	ר	ף	ם
ח	ל	מ	ח	ס	ר	ה	פ	ט	כ	ה	צ	ף	ט	ח	ד
ח	ח	ל	ל	ט	ה	ע	ר	ם	ע	פ	ל	ע	ג	ס	ף
ס	כ	ב	ס	צ	א	ה	ן	ת	נ	מ	א	ה	ה	מ	ר

מנוע
אופנוע
הולכי רגל
משטרה
כביש
בטיחות
מהירות
תנועה
משאית
מנהרה

תאונה
בלמים
מכונית
סכנה
נהג
דלק
מוסך
גז
רישיון
מפה

72 - Biology

ס	ה	ד	ב	ת	צ	מ	ן	כ	ף	מ	ע	ר	ק	ת	ט
מ	י	ף	ל	א	ק	נ	ו	י	ר	ב	ו	ע	ו	נ	ם
ח	מ	מ	כ	ס	א	ז	ב	ט	א	ו	ף	ל	ל	ט	ש
כ	ו	ה	ב	צ	ע	ו	ל	פ	צ	ש	מ	ה	ג	ב	צ
ש	ט	נ	צ	י	ד	ח	ח	ו	פ	י	ל	ו	ן	ע	ל
ס	נ	ח	ף	א	ו	ל	ס	ט	ה	ד	ה	כ	ז	י	ר
ט	א	ף	ם	כ	נ	ז	ת	ו	ת	מ	י	כ	ט	ו	ם
א	נ	ז	י	ם	ת	ב	ה	ס	א	א	צ	ר	ט	נ	ם
נ	ו	י	ר	ו	ן	ן	ז	י	ב	ף	ו	ם	ב	פ	ת
ח	י	י	ד	ק	י	ם	ו	נ	צ	פ	ל	כ	ה	ד	פ
א	ש	נ	ם	ה	ב	ב	מ	ת	ד	א	ו	ע	ש	פ	מ
ה	ף	ה	ס	פ	נ	י	ס	ז	ב	מ	ב	כ	ל	ע	ת
ט	ש	ה	ן	ו	מ	ר	ו	ה	ל	פ	א	ם	ר	א	ל
ם	ט	ף	ט	מ	ד	ם	א	ן	ע	ה	ס	ם	ג	צ	ר
ם	ם	ש	מ	ס	צ	פ	ג	א	ס	ם	פ	ס	ש	ר	נ
ד	ע	ג	ה	ט	פ	א	מ	ה	נ	א	ה	ם	ת	א	א

אנטומיה
חיידקים
תא
כרומוזום
קולגן
עובר
אנזים
אבולוציה
הורמון
יונק

מוטציה
טבעי
עצב
נוירון
אוסמוזה
פוטוסינתזה
חלבון
זוחל
סימביוזה
סינפסה

73 - Professions #2

ג	כ	ב	ד	צ	ט	ף	פ	ר	ג	ג	כ	מ	ח	ב	ת
ש	ל	מ	א	י	י	ר	י	ח	נ	ם	נ	ה	ר	ו	מ
ש	ב	ה	פ	י	ל	כ	ל	ן	ן	ת	ב	ם	ג	ף	ע
ג	א	נ	ו	ר	ס	י	ו	ם	ח	ר	ר	ה	ר	י	ל
ג	צ	ד	ר	ס	ד	א	ס	מ	ם	ל	ת	נ	ת	ג	ר
ש	ג	ס	ת	צ	ם	פ	ו	ב	י	ו	ל	ו	ג	פ	ט
נ	ד	פ	ף	ג	ד	ר	ף	ר	י	ת	נ	ח	ט	ס	י
ט	ו	א	נ	ו	ר	ט	ס	א	נ	א	ם	ל	צ	ת	י
א	ף	ל	מ	ל	ס	ר	ע	ם	י	ף	ן	ש	ל	ב	ס
פ	מ	ד	א	ו	פ	ב	ע	א	ש	ל	צ	ן	ן	א	א
ם	ג	ם	ל	א	ר	מ	ם	ף	א	ף	ל	צ	ע	ט	ן
ג	ס	ע	א	ו	נ	ל	ס	מ	פ	ם	א	ם	ף	ח	צ
ל	כ	ף	ס	ז	י	מ	ת	פ	ו	פ	ש	ע	כ	ב	נ
צ	ף	מ	ע	ט	ת	נ	ת	א	ר	ע	ג	נ	ט	פ	ל
ת	ת	א	י	צ	מ	מ	פ	ן	ט	ב	פ	ר	ש	ת	פ
א	ף	ל	ס	ע	ת	ש	ר	ת	פ	ן	ש	כ	נ	ח	ב

אסטרונאוט
ביולוג
רופא שיניים
בלש
מהנדס
איכר
גנן
מאייר
ממציא
עיתונאי

ספרנית
בלשן
צייר
פילוסוף
צלם
רופא
טייס
מנתח
מורה
זואולוג

74 - Emotions

ש ב פ ה ל כ ד פ ת א ע ב ע א ש פ
מ ח ג ט ס צ ע ג מ ו ב צ ע ל נ כ
ח ף ב ד ה ב ה א ג ש ע מ ו ם ח ן
ה ת ף מ ד ר א ר ד ר ם ם כ ר א ל
צ צ פ ט ע ע ג ש ף ל ר ש צ פ ף ט
ו ה ג ס ן פ ה ה פ נ ר א ן ה ס נ
ר א ג ת ט נ ט פ ל ח ע ע ח ס פ ר
מ ט צ א ב ש ם ת ם ן ג ה ט ה ב ג
ם כ ע ס ף ן פ ע ם ע ף ש ן ב ח ש
ר ב ש י ת ד ש ה ח ש ע ב ת ף ף ם
ם ה ל ר ג צ ב א ס ם ש ת א ח ש ח
א ל ו ת ם ב ם נ ד א ן ג מ ר נ ת
ף ע ו ו ש ם ש נ ר ף ח ט ש ג ב ו
ח ס ה ד ט ד פ א ד ח פ ד ח ר ו כ
א ה ד ה ב ע ס ג צ ד א ש ר ו ך ן
ג ל ם ם ד ש א ע ט ש ל מ א ף ה מ

כעס
אושר
שעמום
רגוע
תוכן
נבוך
נרגש
פחד
אסיר תודה
שמחה

חסד
אהבה
שלום
עצב
מרוצה
הפתעה
אהדה
רוך
שלווה

75 - Mythology

ח	כ	ם	ל	צ	י	מ	ב	ו	ך	ת	ם	נ	נ	כ	ס
ע	ר	ס	ס	ל	צ	ט	א	ע	א	ש	ג	ת	ד	ח	ט
ב	ג	ה	ת	צ	ו	ר	ע	א	כ	ס	ד	י	ש	ט	כ
ר	ל	ע	ע	ת	ר	ע	ג	ה	ח	ל	ר	כ	ב	ש	ת
א	ש	נ	כ	ף	ר	ע	ר	ר	ס	ג	ל	ה	ת	ו	צ
ח	צ	ף	כ	ר	כ	ב	פ	ב	ן	ר	כ	ע	כ	ג	ר
ר	צ	ת	ו	פ	ם	מ	ו	ב	ן	ת	מ	ו	ת	ה	ה
ת	ש	ב	ח	ס	נ	ה	ש	ת	ד	א	ת	כ	ט	ף	ת
ם	ע	ר	א	מ	ו	נ	ו	ת	א	ם	ב	כ	ט	א	נ
ט	ל	ק	ק	נ	א	ה	ף	ף	ג	ש	מ	ן	מ	ב	ה
ם	ן	א	א	ן	פ	כ	ן	נ	ד	א	ס	ו	ן	ט	ג
נ	פ	א	ת	ף	מ	ט	ש	ֶ	ה	ש	ט	ף	ש	י	ו
ט	מ	ל	ד	כ	ה	ד	ט	צ	ר	ד	ע	א	פ	פ	ת
פ	ם	ח	צ	נ	ק	מ	ה	ַ	י	ף	צ	ל	ח	ו	כ
ף	ל	צ	א	ת	ח	ט	כ	ח	צ	ד	כ	י	ב	ס	נ
פ	מ	ד	מ	פ	פ	ה	ד	ם	י	נ	פ	ם	ח	ו	ל

קנאה
מבוך
אגדה
ברק
מפלצת
בן תמותה
נקמה
כוח
רעם
לוחם

אבטיפוס
התנהגות
אמונות
יצירה
יצור
תרבות
אלים
אסון
גיבור
נֶצַח

76 - Agronomy

ש	ס	מ	ע	ד	מ	ע	ט	ן	מ	ש	ל	ל	ח	מ	ד
ח	ב	ע	ס	ם	י	ח	מ	צ	י	ח	ף	ג	פ	ג	ש
כ	י	ר	פ	כ	א	מ	ל	ח	ם	י	ו	ה	י	ז	ת
ד	ב	כ	פ	ם	מ	נ	ש	ו	כ	ק	ש	ר	ד	א	ס
ש	ה	ו	א	ף	מ	מ	ר	ת	ת	ה	ז	י	ה	ו	ם
ן	י	ת	ו	א	ל	ק	ח	ג	נ	ק	ן	פ	ה	ם	י
ן	ג	ו	ר	ק	ח	מ	ב	כ	י	פ	ש	צ	מ	נ	ע
ב	ו	ק	ג	ל	כ	ש	ח	צ	ם	ה	ן	ן	ז	מ	ר
ב	ל	ר	נ	ס	מ	נ	ד	ט	ל	ן	ח	ח	ו	ח	ז
ט	ו	י	י	ת	ט	ש	ש	ע	כ	ס	מ	ד	ן	ע	ה
ג	ק	ד	כ	ס	ב	צ	ע	ג	א	א	ב	ר	צ	ט	ת
ת	א	ף	צ	ן	ב	ת	ח	ת	ב	ן	פ	פ	ן	ת	ס
ד	ם	צ	כ	ס	ם	פ	ס	ת	ב	ש	ר	ת	ר	מ	ה
ן	צ	ס	ר	ב	ה	צ	ל	מ	ם	ר	ד	ת	ב	ט	ג
ת	ש	ב	נ	כ	ר	ס	א	ל	ע	ח	צ	ר	צ	א	צ
ן	ג	נ	מ	צ	ט	ב	ל	ס	ם	נ	מ	ג	כ	ן	נ

חקלאות
מחלות
אקולוגיה
אנרגיה
סביבה
שחיקה
דשן
מזון
זיהוי
אורגני

צמחים
זיהום
הפקה
כפרי
מדע
זרעים
מחקר
מערכות
ירקות
מים

77 - Hair Types

ה	ע	י	ת	ט	פ	ת	ם	י	ל	ת	ל	ת	ב	ל	מ
ב	ן	ב	ל	ט	ק	ל	ו	ע	ן	ה	ף	פ	ר	צ	ת
ד	ל	ש	מ	ג	י	ת	ח	מ	צ	מ	ן	ן	י	ם	ר
ט	ש	נ	ב	ר	ר	ל	ס	א	צ	ב	ת	ח	א	מ	ן
ט	ח	צ	ב	פ	ב	ו	ג	ל	י	נ	ו	ע	ב	צ	ש
ב	ס	ט	א	ש	מ	ת	נ	ן	ס	ג	ס	ף	ר	צ	ח
ג	א	א	נ	כ	ב	מ	ר	ז	ה	ף	א	ס	ך	ף	ע
ס	מ	ב	צ	ר	ש	כ	ס	מ	ת	מ	צ	ד	ר	פ	פ
ק	מ	ך	א	ד	ד	ף	ר	ף	ב	נ	ג	ה	ר	פ	פ
ל	צ	ו	ק	י	ר	ח	ש	ב	ן	ש	ה	ר	ס	ד	ן
ה	ל	ר	ח	כ	ו	ל	ח	ס	ס	א	ב	ט	פ	ר	ה
ע	כ	א	מ	פ	פ	ש	ש	פ	מ	ל	ס	ת	פ	ש	ב
צ	ט	ח	ם	ג	א	ח	ה	ס	ט	ת	ס	ן	א	ט	ש
א	י	נ	י	ד	נ	ו	ל	ב	כ	ס	ע	נ	ל	נ	כ
ח	ע	ת	ג	ג	כ	ר	ד	נ	ע	נ	א	כ	כ	ן	פ
ל	צ	נ	א	ל	ד	נ	מ	ט	ן	מ	פ	ש	ם	נ	ט

קירח
שחור
בלונדיני
קלוע
צמות
חום
צבעוני
תלתלים
מתולתל
יבש

אפור
בריא
ארוך
מבריק
קצר
רך
עבה
רזה
גלי
לבן

78 - Garden

ב	ס	ש	ע	ן	ה	ג	נ	ד	ל	ש	ג	צ	ח	א	ט
ח	פ	ם	ח	ג	פ	פ	ן	ב	פ	צ	מ	ר	ך	ד	ע
ם	ס	ע	ר	ר	ל	מ	ף	ן	ם	י	ע	ל	ס	מ	ג
י	ל	נ	ס	ף	ה	מ	ג	ד	ש	נ	ד	ס	ו	ה	ן
ט	ר	ר	ף	ג	ר	ר	ע	ץ	ת	ו	מ	א	מ	ף	ה
ו	ר	ר	ד	ש	צ	ר	ר	מ	ה	ר	י	פ	ח	ת	א
ש	ב	ס	מ	ף	ה	נ	י	ל	ו	פ	מ	ר	ט	ר	ש
ם	ר	ע	ה	ר	ב	ם	נ	א	ע	פ	ר	כ	א	ת	ד
י	ע	ם	ס	ה	ן	ם	ף	מ	ר	ס	ד	ג	ט	ף	ר
ב	ס	ג	ה	ש	צ	ף	ר	ח	ס	ר	ג	ס	מ	ף	ף
ש	ס	ב	א	ם	ס	ן	ה	ב	ל	כ	ף	ת	א	ס	ב
ע	ף	ש	כ	ף	פ	ל	ד	ו	ג	ר	ן	כ	ש	ג	ם
ח	פ	ה	מ	ר	פ	ס	ת	ש	פ	ת	ט	צ	מ	ם	ב
ד	ט	ב	ר	י	כ	ה	פ	נ	ן	נ	ג	ל	ר	כ	ה
ן	ס	כ	ח	ס	ר	ס	ר	ח	ר	ט	ה	ח	ל	א	צ
ר	מ	ל	ה	ג	ת	ג	ח	נ	מ	פ	ה	צ	מ	ם	ם

המרפסת
מגרפה
סלעים
את חפירה
אדמה
טרסה
טרמפולינה
עץ
גפן
עשבים שוטים

ספסל
בוש
גדר
פרח
מוסך
גן
דשא
ערסל
צינור
בריכה

79 - Diplomacy

פ	כ	י	ן	ט	ט	ש	ט	ת	א	פ	ש	ד	ן	ס	ן
ף	ש	ו	ב	ן	ט	ג	ה	ב	ת	ד	ן	ח	ב	ש	ת
ס	י	ש	ב	ן	ף	ר	ם	כ	י	ם	י	ח	ר	ז	א
מ	ת	ר	פ	ו	ל	י	ט	י	ק	ה	ל	א	מ	נ	ה
ל	ו	ה	נ	ר	ש	ר	ן	ט	ה	ש	נ	ד	צ	ת	ל
ף	ף	ל	ש	ת	כ	ו	מ	ו	מ	ד	ט	ד	נ	מ	ש
ק	פ	ב	ר	פ	ח	ת	י	ו	ק	ד	צ	ג	נ	מ	מ
ה	ע	ר	ע	ט	ש	צ	ד	ל	ל	ף	ש	ף	צ	ס	מ
י	ו	ה	י	ג	ף	ס	א	פ	ח	ו	כ	ח	ס	ס	ת
ל	ל	ב	ן	ם	ר	א	ר	י	ת	ד	מ	ש	ה	ר	ש
ה	ה	ר	צ	ע	ם	ט	ב	ד	ג	ש	פ	ג	מ	ד	ח
ע	ם	ב	ף	ד	ה	י	צ	ו	ל	ו	ז	ר	ם	ס	ז
מ	א	ח	ם	מ	ה	ש	ט	ר	ה	ד	ר	ף	ף	ר	נ
מ	א	י	ר	ט	י	נ	מ	ו	ה	ר	ר	י	ר	ג	ש
ף	ד	ן	פ	כ	ץ	ע	ו	י	כ	ם	ד	ב	ש	ס	ח
ר	א	ר	ס	ד	נ	ח	ט	צ	ש	ם	א	ח	ם	א	א

יועץ	זר
שגריר	ממשלה
אזרחים	הומניטרי
קהילה	יושרה
התנגשות	צדק
שיתוף פעולה	פוליטיקה
דיפלומטי	רזולוציה
דיון	ביטחון
שגרירות	פתרון
אתיקה	אמנה

80 - Beach

צ	ס	ת	ע	ח	ם	ן	ח	נ	ע	ג	ל	ג	ד	צ	ד
ב	ש	ל	נ	ג	ה	ע	ו	ן	ח	ש	ן	ד	ת	ט	ח
מ	ע	ח	ה	ם	ל	ל	ף	פ	ו	פ	א	כ	א	צ	ב
ם	א	ם	פ	ש	כ	ש	ב	ן	ל	ם	ש	כ	א	ה	ת
פ	ה	י	ר	ט	מ	מ	פ	ר	ש	י	ת	ט	ת	ש	ג
ל	ד	ל	ו	ח	כ	ש	ב	ש	צ	ז	י	מ	א	ב	ס
ן	ה	ד	ה	ב	ש	ע	ח	ל	ן	ג	נ	ס	ש	ל	פ
ד	ש	נ	מ	ת	ב	ג	מ	ש	ב	פ	ו	נ	ע	ע	ן
ח	פ	ס	ו	מ	ן	מ	ח	ח	ר	ף	ש	ה	ם	ר	ף
כ	ו	ו	מ	ג	ל	ט	כ	ו	ד	ש	ן	מ	ג	ח	ס
צ	ח	נ	ם	ג	ל	ר	א	ת	ח	ל	ע	ע	ת	ג	ס
כ	ע	י	ש	נ	ם	ס	מ	ר	א	כ	ס	נ	ן	ר	ר
פ	ד	י	ף	י	ח	מ	פ	ן	א	צ	ט	ד	ב	מ	ם
ס	ר	ק	ש	ם	מ	ם	ח	ם	פ	ס	ג	ס	כ	צ	ס
ל	פ	ו	ד	ף	ב	ע	ח	ד	ע	א	ף	נ	ל	ע	נ
ט	ם	א	ט	ף	ם	ש	ל	ג	ס	י	ר	ה	ע	פ	ן

חול
סנדלים
ים
פגזים
שמש
לשחות
מגבת
מטריה
חופשה

כחול
סירה
חוף
סרטן
עגן
אי
לגונה
אוקיינוס
שונית
מפרשית

81 - Countries #1

ל	ב	כ	כ	פ	ם	ס	ד	ע	ת	ע	ק	ד	ת	ל	ב
ח	כ	ס	נ	צ	ג	ל	ו	י	י	ט	נ	א	ם	א	מ
ף	ח	ת	ה	פ	ם	ל	ח	ה	ש	ע	ד	א	י	ר	ד
מ	ת	נ	ע	ע	ה	ר	ו	מ	נ	י	ה	ט	ר	ש	פ
ף	ף	פ	פ	ם	ר	ן	מ	ס	נ	ג	ל	ת	צ	י	ד
ב	ח	ו	נ	ש	פ	ע	ש	ג	צ	י	ף	ן	מ	ע	ג
פ	ן	ל	מ	מ	ם	ת	ל	ג	ה	ג	ל	ף	ף	ן	ע
ג	פ	י	ה	ו	ק	ו	ר	מ	ד	ר	פ	ס	ג	י	ם
ג	י	ן	מ	ה	י	ג	ו	ו	ר	ו	נ	ר	ר	ה	ע
ת	נ	ם	ב	ר	ז	י	ל	ף	ה	ת	מ	א	ח	ם	מ
ל	ל	ת	ד	א	מ	ש	ו	א	ע	נ	ק	ג	ה	ם	צ
ס	נ	מ	מ	כ	נ	ם	ב	ג	י	ע	נ	ט	ש	פ	ה
ל	ד	ר	ט	א	כ	ל	ה	ה	ף	ש	ש	ג	ף	ה	ם
ה	ל	א	ו	צ	נ	ו	ה	י	ב	ט	ל	ס	א	א	ג
ס	צ	ל	מ	ב	ה	א	ו	ג	ר	ק	י	נ	ע	מ	ד
ן	מ	ב	צ	ב	ש	ע	ה	א	מ	א	ג	ס	פ	ח	ג

ברזיל
קנדה
מצרים
פינלנד
גרמניה
עיראק
ישראל
איטליה
לטביה
לוב
מרוקו
ניקרגואה
נורווגיה
פנמה
פולין
רומניה
סנגל
ספרד
ונצואלה
וייטנאם

82 - Adjectives #1

ז	ה	ה	פ	כ	פ	ם	ל	מ	מ	ל	כ	נ	ח	ל	א
א	א	צ	ל	ע	ט	מ	פ	ש	ך	ו	ש	ח	מ	ש	מ
ן	ק	א	ש	ן	ס	ן	ל	צ	כ	ה	ד	ב	כ	ם	נ
ח	כ	ז	פ	כ	מ	ע	מ	ה	ג	ש	פ	ר	ג	צ	ו
ט	כ	כ	ו	ף	כ	נ	ע	פ	ל	י	פ	ה	נ	כ	ת
צ	ר	ז	ה	ט	ל	ח	ו	מ	ף	ט	ף	ה	ן	י	י
ת	ב	ף	ר	ש	י	ע	ד	פ	ח	מ	א	ג	ב	נ	ף
ש	ט	ם	ף	ן	ע	ל	ן	ף	ה	ו	נ	ת	ר	י	נ
א	ר	ם	כ	ם	ו	פ	כ	צ	ר	ר	ע	א	ג	צ	מ
ה	ט	מ	ג	ט	מ	צ	ע	ח	ש	א	ג	כ	נ	ר	ה
צ	מ	ר	ס	ח	ט	ט	ם	צ	פ	ר	ן	ס	כ	ב	ה
צ	ל	ח	ק	ד	ג	ר	ן	א	י	ק	ר	ר	ס	א	ת
נ	ד	י	ב	ט	ד	ת	ת	י	נ	ת	פ	א	ש	כ	ט
ב	צ	ה	ו	ל	י	ס	צ	ט	ח	ת	ד	נ	ט	כ	מ
פ	א	ה	ש	ג	ס	ב	ח	י	צ	א	ם	ף	ב	פ	ע
ס	ף	מ	ח	ש	נ	כ	י	ג	נ	א	ב	א	ר	ע	ד

כבד
מועיל
כנה
זהה
חשוב
מודרני
רציני
איטי
רזה
יקר

מוחלט
שאפתנית
ארומטי
אמנותי
אטרקטיבי
יפה
חשוך
אקזוטי
נדיב
שמח

83 - Rainforest

ב	ע	ט	ת	ר	ח	ר	ב	ם	ה	ר	נ	ם	ר	ט	ן
ג	ד	ג	צ	ש	א	י	ו	נ	ק	י	ם	ג	פ	ן	ה
ה	ם	ל	ע	ד	ה	כ	ש	א	ב	ת	י	ה	ש	ס	צ
ב	ם	פ	פ	ר	מ	מ	י	ק	ר	ו	נ	ע	ח	נ	צ
מ	ב	ח	ט	ה	ל	י	ה	ק	ו	ד	י	ל	ז	ל	נ
צ	א	ס	ם	י	נ	נ	ע	ן	מ	ר	מ	מ	ו	כ	א
ב	ם	ח	ב	ל	ן	ב	כ	ט	י	ש	פ	כ	ר	א	ר
ל	ף	ת	ג	כ	ט	ב	ח	ר	ש	י	ר	ט	ס	ף	נ
ע	ס	ם	מ	ג	ב	ט	ל	ק	מ	ה	פ	ה	ג	ב	צ
ל	צ	ס	ג	מ	פ	ל	ס	ש	ן	א	ע	ן	ה	ו	ח
ת	י	ב	ס	ד	ג	ע	ג	כ	נ	צ	ת	ם	ג	ט	ר
ף	פ	ל	ר	א	ק	ל	י	ם	י	י	ח	ו	ד	נ	ק
ב	ו	ב	ג	פ	כ	ג	ל	ב	ר	נ	כ	ו	ג	י	י
ט	ר	ג	ל	מ	ף	נ	י	ט	ן	ל	ב	מ	ש	ר	ם
ט	י	מ	ד	כ	ת	ו	ד	מ	ל	כ	פ	ד	ת	ב	א
צ	ם	ן	ת	ר	ב	ג	צ	ם	ט	מ	כ	ע	ם	ם	ל

יונקים
טחב
טבע
שימור
מקלט
כבוד
שחזור
מינים
הישרדות
יקר

דו-חיים
ציפורים
בוטני
אקלים
עננים
קהילה
גיוון
יליד
חרקים
ג'ונגל

84 - Global Warming

ן	ן	א	ר	מ	פ	ר	כ	ש	ג	ד	ם	פ	כ	ס	ב
ש	ח	ר	ם	ה	ס	ב	ס	צ	ר	ד	פ	ס	ג	ב	י
ט	ף	ק	ם	ח	ם	ס	ג	ל	ש	כ	ם	ש	ב	י	נ
א	פ	ט	מ	ת	ן	צ	נ	א	נ	ע	פ	ן	ף	ב	ל
ת	ו	י	ש	כ	ע	א	ף	א	ם	נ	ה	מ	ר	ת	א
ו	ע	כ	ר	ן	ד	ש	ד	נ	ב	ם	ס	צ	ן	י	ו
ר	ה	ש	ל	ף	מ	ת	ף	ת	צ	ף	ב	ח	ם	ד	מ
ו	ה	נ	י	ו	ש	ש	ח	ו	ת	י	פ	מ	ן	מ	י
ט	ל	ם	ת	י	ס	ן	ה	נ	ש	צ	מ	ג	ר	מ	מ
ר	ש	ו	ה	ח	ה	י	מ	י	ם	ת	ה	ש	ד	ח	ע
פ	מ	ד	ד	י	ת	ע	ו	ם	י	ל	ק	א	ף	ח	ף
מ	מ	ד	פ	י	ד	ס	ף	ת	י	ח	ק	י	ק	ה	ן
ט	ט	כ	ס	ג	ג	ד	ו	ר	ו	ת	מ	כ	ל	א	ל
ד	מ	ש	ב	ר	ז	י	ט	ס	נ	ח	ש	ן	ד	פ	א
ר	צ	ף	ע	ד	ם	ם	ת	ה	י	ג	ר	נ	א	ם	ד
ן	ס	ש	ג	ר	ג	ש	א	ב	ש	ן	ד	ג	פ	ח	נ

דורות
ממשלה
בתי גידול
תעשייה
בינלאומי
חקיקה
עכשיו
אוכלוסיות
מדען
טמפרטורות

ארקטי
שינויים
אקלים
משבר
נתונים
פיתוח
אנרגיה
סביבתי
עתיד
גז

85 - Landscapes

ת	כ	ס	כ	ם	ם	ב	ח	ן	ן	ע	ם	ע	ק	פ	צ
נ	א	ע	ר	ל	פ	נ	ד	ה	ש	ט	כ	מ	ר	ה	ת
ש	ג	ם	צ	ת	ף	נ	א	כ	ן	כ	ל	צ	ח	ח	ש
כ	ה	ע	ח	ל	ם	ד	צ	פ	ס	פ	פ	ל	ו	א	ס
ף	א	ב	ס	ת	ס	י	ז	א	ו	א	מ	ן	ן	כ	ג
צ	ו	ק	ל	א	ר	ם	א	ס	נ	ס	ע	ע	ש	ט	ב
ב	ג	צ	ג	ר	ח	ע	ף	כ	י	ת	ה	כ	ר	ש	ע
ט	נ	ם	ם	ן	ע	ג	ף	ש	י	ש	צ	ר	ה	ה	ה
ט	ו	נ	ד	ר	ה	ל	ת	א	ק	ע	מ	ק	נ	ע	ע
מ	ן	ח	ע	ל	ז	ן	ב	ן	ו	ג	מ	צ	ע	נ	ס
כ	ה	ו	ן	ב	ן	י	מ	ס	א	ר	ר	ת	ם	ת	ת
ף	נ	ף	צ	י	א	ה	י	צ	ח	ה	ר	א	כ	ת	מ
ת	פ	ב	נ	צ	א	ר	ה	ג	ס	צ	ד	א	ס	ח	צ
ה	כ	ת	ל	ה	ש	ב	נ	ע	ס	ה	ע	א	ד	ע	צ
ב	ד	נ	ם	ח	ס	ע	ס	ד	ת	ג	ה	ג	צ	פ	ד
ש	מ	נ	כ	ת	ס	ג	ת	מ	ד	ב	ר	ם	ר	ס	נ

חוף
מערה
צוק
מדבר
גייזר
גבעה
קרחון
אי
אגם
הר

אואזיס
אוקיינוס
חצי האי
נהר
ים
ביצה
טונדרה
עמק
הר געש
מפל

86 - Plants

ח	ד	א	ת	א	ד	ם	ג	ע	ת	פ	ר	ע	פ	ף	ל
ה	צ	ס	ר	ג	ף	ע	נ	ש	ר	ת	ע	כ	ה	ת	פ
ם	פ	ף	ת	כ	ע	ר	ג	ע	ד	ד	ף	ת	נ	מ	כ
ר	כ	ג	ו	ס	ב	ה	ף	ם	מ	פ	ר	ח	צ	פ	ר
ט	ב	ע	כ	ג	א	מ	ב	ס	ל	ג	ג	ל	מ	ד	פ
ב	ח	ט	י	ע	ן	ג	ט	פ	ב	ף	ר	צ	ח	ט	ר
ש	מ	ב	ל	כ	א	נ	ש	ן	ג	ן	כ	ם	י	ה	י
נ	ט	ע	ע	ץ	ש	ו	ב	ר	ע	נ	ת	ב	י	ת	ח
נ	ב	ר	ל	צ	ד	ע	ע	ָ	ל	.	י	ם	ה	ח	ה
ח	ב	מ	ע	י	ה	ל	ו	ד	ג	ל	ש	מ	כ	ס	ף
ה	ח	כ	ד	פ	ע	ה	ע	ע	ב	ו	ט	נ	י	ק	ה
מ	ר	צ	ס	ב	נ	ר	א	ב	י	ם	צ	א	ר	ו	ח
ק	ק	ט	ו	ס	ד	ג	ן	ח	צ	ת	ה	ה	ב	ב	ף
ל	ה	כ	ס	ה	ג	ד	צ	פ	ג	ת	ר	ח	ש	מ	ח
ר	ת	ס	י	ס	ל	ש	ר	ו	ש	ן	פ	ן	ה	ב	א
ג	ה	ש	ק	ל	ד	ן	ף	נ	ל	ף	נ	ד	א	ש	ס

במבוק
שעועית
ברי
פריחה
בוטניקה
בוש
קקטוס
דשן
פרח
עָלים

יער
גן
דשא
לגדול
קיסוס
טחב
עלי כותרת
שורש
עץ
צמחייה

87 - Boxing

ל	צ	ל	פ	ב	ר	ש	ש	ש	ה	ת	ב	כ	ל	ת	מ
ב	ד	נ	ל	ן	ם	ח	ג	ו	ף	ח	ן	ף	ד	י	ס
א	ב	צ	צ	ב	נ	ה	פ	פ	ש	פ	ט	מ	ו	ק	ד
ג	ב	ח	י	א	נ	מ	צ	ט	ם	ם	כ	מ	כ	צ	א
ר	פ	ר	פ	ג	מ	ב	י	ד	ף	ל	נ	פ	כ	ח	ט
ו	י	ו	ר	ק	נ	ף	ע	ה	ף	ו	פ	ר	ט	נ	ס
ף	נ	ז	ח	פ	ע	מ	ו	ן	ת	ו	ף	ף	ד	ח	נ
ע	ה	ח	פ	ר	ח	ב	ת	נ	ת	מ	ה	ט	י	ע	ב
ע	ח	ש	ה	מ	ב	ל	כ	ת	ו	ל	מ	ר	ה	פ	נ
כ	ם	ש	א	ר	נ	ו	צ	פ	ד	ב	צ	ד	ע	א	ע
ס	ת	ח	א	ב	כ	ח	ד	ר	ו	ש	ג	ם	ח	ו	כ
א	ח	ש	כ	ב	כ	ם	פ	צ	ק	ה	ן	ט	ג	ן	ח
ס	ש	ס	ס	ה	ן	י	ח	צ	נ	ש	ב	צ	ת	ש	ף
מ	ש	ח	ב	כ	פ	ל	ן	מ	מ	ח	ב	ט	ש	ת	ת
ס	ף	ף	פ	ש	ן	ב	ח	ן	ס	ד	ב	ב	ם	ת	ד
מ	פ	ם	ן	ר	ר	ח	ס	ב	צ	צ	ב	ש	ת	ו	מ

פציעות
בעיטה
יריב
נקודות
שחזור
שופט
חבלים
מיומנות
כוח

פעמון
גוף
סנטר
פינה
מרפק
מותש
לוחם
אגרוף
מוקד
כפפות

88 - Countries #2

א	ג	מ	י	י	ק	ה	כ	ר	מ	ק	ס	י	ק	ו	ד
ו	ם	ל	ס	ו	ד	ן	כ	ט	ר	ר	כ	כ	ע	ת	ף
ק	ב	א	י	פ	ד	ר	מ	ע	מ	מ	ג	פ	ע	ד	ש
ר	א	פ	ן	ב	ף	צ	ד	א	ע	נ	ר	א	כ	ר	פ
א	ת	נ	ע	ר	ר	ם	ן	ח	ע	ד	ם	ש	צ	ן	צ
י	י	נ	פ	ד	ס	י	ף	ב	א	ה	ט	א	ט	ף	ב
נ	ו	כ	ב	ט	פ	ה	ה	י	ס	ו	ר	ל	א	ו	ס
ה	פ	ן	ם	א	ד	פ	ל	ב	נ	ו	ן	כ	פ	ד	ג
ד	י	מ	ג	א	ן	צ	ב	ן	צ	פ	ט	ש	ע	א	פ
ע	ה	ס	ו	ר	י	ה	י	ל	מ	ו	ס	ש	ש	נ	ר
י	ט	מ	ם	נ	א	י	ח	ת	ע	ע	י	ר	ם	פ	ע
צ	ו	א	ש	ס	ו	ר	ת	א	ף	ע	ק	ל	ף	ט	ל
ט	א	ו	ר	ג	ג	ג	ח	ה	ף	א	פ	מ	ח	ן	ע
צ	ף	ח	ן	נ	נ	י	ח	ט	ד	פ	י	צ	ף	ן	ח
ה	א	י	ט	י	ד	נ	צ	ת	ס	ל	ש	פ	מ	מ	ט
ה	ש	כ	מ	צ	ה	י	נ	ב	ל	א	ט	ה	ן	ף	ם

אלבניה
דנמרק
אתיופיה
יוון
האיטי
ג'מייקה
יפן
לאוס
לבנון
ליבריה
מקסיקו
נפאל
ניגריה
פקיסטן
רוסיה
סומליה
סודן
סוריה
אוגנדה
אוקראינה

89 - Adjectives #2

ע	מ	י	ט	ס	ש	ב	מ	ל	ף	ט	ף	ף	פ	ח	ם
ש	פ	ב	ב	ה	ח	ה	ח	ף	ח	ן	ף	פ	ת	פ	ר
מ	ו	ש	ע	ט	ד	ב	ת	ח	ח	ד	ש	ר	ס	ת	ס
ע	ר	מ	י	ר	ו	א	י	ת	ם	א	ב	א	ע	ה	ע
ד	ס	ח	ע	ט	ג	א	ב	ר	י	א	ל	י	פ	ס	מ
ח	ם	ע	ג	נ	כ	א	ש	א	ה	ל	א	ג	ן	ש	ד
פ	ח	ף	א	ר	י	ה	צ	צ	מ	ג	ו	ת	נ	כ	ט
כ	ר	ן	ה	ם	ג	י	מ	י	ל	ס	ת	ל	ל	ט	מ
ס	ש	ו	ג	ר	ד	ב	ן	ש	ו	ס	נ	ח	ת	נ	י
ם	כ	ף	ד	ב	ר	כ	נ	נ	ח	ר	ט	ה	ן	ל	א
צ	ב	ף	ג	ו	ד	ע	ו	ו	ן	ע	י	ב	ר	ת	ח
מ	ן	ג	ג	ס	ק	ז	ח	נ	ס	ב	ף	מ	ח	צ	ר
כ	ף	מ	ת	ס	ט	ט	מ	י	י	צ	י	ר	ת	י	א
ג	כ	ט	ר	צ	ט	ת	י	פ	נ	נ	ס	ג	ן	נ	י
צ	ף	כ	א	ב	כ	ה	מ	ב	ע	ע	ר	נ	ט	ב	ש
ס	ן	צ	ה	ט	ט	מ	ל	פ	י	ר	א	ש	ג	פ	ח

אותנטי
יצירתי
תיאורי
יבש
אלגנטי
מפורסם
מחונן
בריא
חם
רעב

מעניין
טבעי
חדש
פרודוקטיבי
גאה
אחראי
מלוח
ישנוני
חזק
פראי

90 - Psychology

מ	נ	ט	מ	ן	נ	ע	פ	ג	ן	ן	ם	ת	ד	ה	ג
ח	צ	י	ת	ה	נ	ף	פ	ש	ה	ע	ר	כ	ה	ן	ח
ש	צ	פ	ח	ד	ן	ס	ס	ר	ע	מ	ח	ר	ס	ל	ל
ב	ס	ו	ו	ב	ע	י	ה	מ	ן	ת	ו	א	י	צ	מ
ו	ק	ל	ש	ף	ה	ע	ת	ן	ג	ו	ב	ם	פ	צ	ן
ת	ו	ה	ה	ע	ג	ו	נ	ט	ם	מ	ל	ס	ת	ב	א
ו	ג	ת	ף	ם	ד	כ	ה	ע	ט	ו	א	ג	ו	א	ק
ע	נ	ת	צ	ל	ס	ה	ג	כ	ה	ל	מ	כ	נ	מ	ל
פ	י	ג	י	ת	ר	ם	ו	פ	ע	ח	ל	ר	ו	נ	י
ש	צ	ת	ו	ש	ג	ר	ת	ל	ת	מ	ת	ח	י	א	נ
ה	י	ב	ג	ה	כ	א	א	ל	א	מ	ו	ד	ע	ג	י
ע	ה	ט	ס	ס	ש	י	ג	מ	ת	ו	ט	ב	ר	ו	א
מ	ס	א	ן	נ	ש	ר	ג	ן	י	פ	ש	צ	נ	א	ה
ף	ן	ע	ל	י	ף	ט	כ	ו	ת	ו	ש	ג	נ	ת	ה
ס	ל	ש	ו	ט	ת	כ	ת	ט	ל	ל	ר	ב	ה	א	מ
ד	ם	ת	ף	ב	כ	ן	ם	ב	ל	ן	ה	כ	ג	ף	ן

רעיונות
השפעות
תפיסה
אישיות
בעיה
מציאות
תחושה
טיפול
מחשבות
לא מודע

הערכה
התנהגות
ילדות
קליני
קוגניציה
התנגשות
חלומות
אגו
רגשות
חוויות

91 - Math

פ	ט	ה	מ	ת	ב	ב	מ	צ	מ	ח	ש	ם	ג	כ	ח
ם	ד	ג	ק	ג	ת	ע	ע	ג	ל	ר	פ	ג	ב	ם	ר
א	נ	ע	ב	ק	ו	ט	ר	ה	ב	ג	נ	ע	ב	ת	ה
ה	ן	צ	י	ט	י	ע	י	א	ן	נ	ג	ף	ב	ם	י
י	ט	ח	ל	נ	ו	ם	ך	ו	נ	ע	ב	ח	פ	נ	ר
ק	מ	ג	י	ה	ו	י	ף	ו	ח	ף	ם	נ	ע	מ	ט
ף	ל	ח	ת	ם	ז	ר	ב	ש	ט	ם	ה	פ	צ	ן	מ
פ	ש	ם	ו	א	ר	פ	ג	מ	ל	ס	כ	ו	ם	ש	י
ת	ד	ה	ל	ג	נ	ס	ג	ר	ג	כ	ל	ד	ו	ף	ס
ד	ט	ש	ע	נ	כ	מ	א	ש	ע	ע	כ	ל	ח	פ	ף
ר	נ	ב	מ	ל	ף	ג	ו	ע	פ	י	ש	י	ל	ח	מ
כ	ס	ש	א	ב	ב	ע	מ	כ	כ	ע	ף	ב	ח	ח	ר
ס	ן	ו	ב	ש	ח	ע	ט	ר	צ	ד	פ	ק	ף	ם	ט
ח	צ	נ	א	ת	ג	ע	ר	נ	א	א	ג	מ	ט	ע	ב
ג	ר	נ	ש	ט	ח	ע	י	ס	ח	ת	ף	כ	ל	ף	ה
ם	צ	ד	א	א	מ	ע	ה	ש	ף	י	נ	ו	ר	ש	ע

מקביל
מקבילית
היקף
מצולע
מלבן
כיכר
סכום
סימטריה
משולש
נפח

זוויות
חשבון
עשרוני
מעלות
קוטר
משוואה
מעריך
שבר
גאומטריה
מספרים

92 - Activities

ת	ב	ף	ג	ן	פ	מ	ח	ב	ש	ע	צ	ם	ס	ק	ט
צ	א	מ	נ	ו	ת	ג	פ	ע	ל	ה	ר	י	פ	ת	ב
ת	ג	צ	י	ט	ו	ם	ן	נ	ה	ר	ף	ק	ל	ן	כ
פ	כ	ש	פ	ש	נ	ט	ל	א	ש	צ	ס	ח	ח	ו	כ
ר	נ	כ	מ	ג	מ	ל	כ	ה	ן	ס	ג	ש	כ	נ	ם
ש	ע	מ	ק	ט	ו	ה	א	ת	ם	ג	ר	מ	ח	י	נ
א	ל	ב	ל	א	י	ת	פ	מ	ד	כ	ג	י	פ	ג	כ
י	א	נ	פ	צ	מ	א	ד	מ	א	ת	ב	ט	ג	י	ד
נ	ב	נ	ת	ד	ס	ד	ר	פ	ם	פ	ה	י	ת	ה	י
ט	פ	ש	ף	נ	נ	ג	ר	צ	ב	א	ג	ו	נ	ע	ת
ר	מ	ע	ת	צ	מ	ד	ד	ה	ג	ס	נ	ל	ן	כ	כ
ס	ר	ן	י	פ	ף	ה	נ	ב	צ	ה	א	י	ר	ק	א
י	פ	כ	ד	ל	ע	ל	א	כ	ש	י	מ	ם	מ	צ	ל
ם	ש	מ	כ	ד	ו	ק	י	ר	ן	פ	ע	ר	ג	ג	מ
ף	ף	ם	צ	י	ן	ת	ם	ח	נ	ר	נ	נ	נ	ב	ל
ב	ל	ה	ם	צ	ח	ט	ע	ל	פ	ה	צ	ע	ח	א	ת

פעילות
אמנות
קמפינג
מלאכת יד
ריקוד
דיג
משחקים
גינון
טיולים
ציד

אינטרסים
סריגה
פנאי
קסם
צילום
תענוג
קריאה
הרפיה
תפירה
מיומנות

93 - Business

ל	כ	פ	א	ג	ט	ם	ה	צ	פ	ם	פ	ר	ש	ב	ף
ג	א	ק	ס	ם	כ	כ	פ	ר	כ	ר	ת	מ	צ	צ	ת
ה	ג	י	מ	ה	ס	ח	ד	ג	ט	א	ן	ב	ה	ס	ש
ט	צ	ס	ג	נ	ף	ש	ס	כ	ן	א	ת	צ	ד	ע	ד
ע	ה	ע	ק	ש	ה	כ	ל	כ	ל	ה	ק	ל	כ	ע	ת
ד	ס	מ	צ	ד	ם	ל	ח	ר	ח	ר	צ	ן	פ	ש	מ
צ	נ	פ	ם	ב	נ	ח	ה	ש	ם	י	י	פ	ש	ר	ר
ל	כ	ע	ם	ד	ט	ר	ע	א	ת	י	ב	נ	ר	ש	ה
ש	ה	ל	מ	ט	ב	ע	ר	ב	ל	ר	א	ם	ס	צ	ס
ד	ר	ח	ת	ח	ט	ב	ם	ד	מ	ק	ט	ע	ד	ת	כ
ן	ו	מ	י	מ	א	ף	ח	ל	כ	ש	נ	ח	ד	א	ב
כ	ח	ל	ה	ד	ם	נ	נ	ד	י	כ	א	מ	נ	ר	ם
כ	ס	א	ר	נ	ש	ע	ו	ב	ר	ר	ת	ס	ד	ת	ט
ח	כ	ג	ב	פ	ח	מ	ת	ו	ה	ש	ל	י	ס	ב	פ
ס	ה	מ	ח	ג	ה	ה	ח	ע	ל	פ	מ	ם	ע	ל	ח
ת	ע	ד	ע	ל	ו	ת	ם	צ	ם	פ	ס	ב	ן	א	ם

תקציב
קריירה
חברה
עלות
מטבע
הנחה
כלכלה
עובד
מעסיק
מפעל

מימון
הכנסה
השקעה
מנהל
סחורה
כסף
משרד
מכירה
חנות
מסים

94 - The Company

ר	ס	ל	מ	א	מ	נ	ד	ג	ל	ט	ם	ח	ת	ל	ס
ג	צ	פ	כ	ל	ל	ס	ס	מ	ח	צ	ה	ד	ף	ן	ג
ר	א	ט	ס	ש	ן	ם	מ	פ	ם	פ	ף	ע	ש	צ	א
כ	ד	ג	ה	י	ס	ס	ר	ף	ג	ה	כ	נ	ס	ו	ת
ג	מ	כ	ש	כ	א	י	כ	ו	ת	מ	נ	פ	מ	פ	צ
ר	ס	פ	ק	ו	א	פ	ש	ר	ו	ת	ו	ג	ה	א	ר
מ	ע	ם	ע	נ	ר	ת	ג	ש	ל	מ	ג	ת	א	ל	ע
נ	ע	ס	ה	י	ן	ע	ח	ת	ג	ו	ע	ח	ל	ט	ף
ת	ב	מ	ק	ם	ט	ס	ר	ד	ם	צ	ס	י	ג	ת	ף
ט	ן	י	ט	י	נ	ו	מ	מ	ש	ר	ר	צ	ת	ה	ל
נ	צ	ע	ף	ש	ם	ק	ג	צ	ף	נ	ם	י	ע	ת	ן
ה	ת	ו	ן	ת	ג	ה	ט	ל	ח	ה	י	ר	ש	ק	ח
ע	ט	צ	י	ח	י	ד	ו	ת	ה	מ	ב	ת	י	ד	ח
כ	מ	ק	מ	צ	ג	ת	נ	א	ד	ב	א	י	י	מ	ב
מ	ף	מ	נ	ת	נ	ע	ם	ש	ס	א	ש	ע	ה	ו	פ
ט	ב	פ	ה	כ	ע	פ	ת	ה	מ	נ	מ	ר	ש	ת	ש

עסקים
יצירתי
החלטה
תעסוקה
תעשייה
חדשני
השקעה
אפשרות
מצגת
מוצר

מקצועי
התקדמות
איכות
מוניטין
משאבים
הכנסות
סיכונים
מגמות
יחידות
שכר

95 - Literature

מ	ח	ב	ר	י	ש	ן	נ	ן	ח	ת	ת	ג	מ	צ	ח
ג	ה	ב	ד	ח	ב	ר	ף	כ	א	ה	ן	כ	ד	ר	כ
ס	י	כ	ו	ם	ר	א	נ	נ	צ	מ	ר	ג	מ	ו	ל
ע	פ	מ	ש	ם	ן	ו	נ	ג	ס	ם	כ	ה	מ	מ	נ
ר	ר	ד	ח	ס	ש	פ	ז	פ	ו	א	ט	י	ט	ן	ת
ל	ג	כ	ו	ב	ב	א	ן	ש	ס	ף	ש	ד	פ	י	י
מ	ו	ס	ת	ה	ש	ו	ו	א	ה	ם	מ	ג	ו	י	א
ן	י	א	י	נ	ו	י	ד	ב	נ	ר	ס	ר	ר	ר	ו
ג	ב	ל	נ	ס	ו	ד	א	מ	ן	ב	נ	ט	ה	ק	ר
ם	כ	נ	ע	ל	צ	ש	צ	ב	כ	ר	כ	ר	ט	צ	ל
ש	א	ג	ש	ס	ו	ג	א	ב	ק	צ	ב	כ	ו	ב	מ
ס	א	נ	ט	ם	כ	ג	ו	ל	א	י	ד	ם	ד	ן	ת
כ	כ	ס	ר	ן	כ	ר	י	פ	ן	ם	ה	ן	ק	פ	ע
ת	כ	ה	מ	ס	ג	ה	פ	ה	ט	ט	נ	ר	נ	ש	ש
ע	מ	פ	ם	ט	ת	ר	ח	ם	ל	ש	ע	ד	א	נ	ת
ט	כ	כ	צ	ה	ע	נ	ג	נ	צ	א	ט	כ	ן	ל	ל

אנלוגיה
ניתוח
אנקדוטה
מחבר
ביוגרפיה
השוואה
סיכום
תיאור
דיאלוג
בדיוני

מטפורה
קריין
רומן
שיר
פואטי
חרוז
קצב
סגנון
ערכת נושא
טרגדיה

96 - Geography

ם ב ש ח א ז ו ר ד ט ב ס צ ם ב מ
ט ף ת ט ט ה ם ר ח ט ג ח ס פ כ ם
ח ח ל ש נ ת כ ר ף צ ס ע ח ל ח ס
ח ס ר ח ה ע ף ב ר ם ם ס מ נ ם ן
צ צ ס ב ה ל ד ר ו ם ע ע צ ד ל צ
ש ל פ ח פ ל ע מ ד י נ ה א ר ח ד
א מ ם ש ל ם ד ע ג א מ ה פ מ נ ג
ר נ ע ח ש ש א ח ר י ב ש ת ד ג ו
מ ר י ד י א ן ד ס ם ר ת צ פ ג ב
ד נ ר ד ם ח ה פ ו ן ע ש נ פ כ ה
מ ה ש מ ר ר ר נ נ ה מ כ ר ה נ ף
ן ף ה כ ש ה צ פ י ל ב ח ו ר ו ק
ש ה ד ח ם ל ו ע י ת ס ב א מ נ ט
ב א ה ל פ ף מ ע ק ש ב ר צ צ ם ם
ע פ נ ס ס ן צ פ ו ן מ ן ה ם ד ד
ר ב ם כ מ ג ד ם א ף ט ט ח נ ח ע

גובה
אטלס
עיר
יבשת
מדינה
המיספרה
אי
קו רוחב
מפה
מרידיאן

הר
צפון
אוקיינוס
אזור
נהר
ים
דרום
שטח
מערב
עולם

97 - Jazz

ד	מ	כ	ט	ה	ה	מ	ר	כ	ח	ב	ד	מ	ל	מ	ט
ג	ם	ו	י	ה	ט	נ	ג	א	ר	ב	ט	ח	ת	פ	נ
א	מ	ן	ע	ש	כ	ל	ח	ל	ט	ח	ל	ם	ן	ו	ר
צ	ב	י	ן	ד	ר	ת	ן	ת	ר	ו	מ	ז	ת	ר	ם
ב	ס	ח	ם	י	פ	ו	ת	ו	צ	ש	ד	ש	כ	ס	נ
ב	פ	ל	כ	ג	ע	י	ן	ר	נ	א	ז	ת	ל	ם	ג
פ	ג	מ	ט	ת	נ	ל	ם	י	ו	ג	ח	ד	ש	ט	ם
נ	צ	ף	ט	ס	כ	ן	ו	ש	ק	ף	ס	ר	ף	כ	נ
ע	ר	א	ט	ה	מ	ת	ב	ג	ס	ר	ה	כ	ש	נ	ג
ד	ף	ד	ה	ר	ד	ת	ל	ד	ש	י	ר	ס	ש	י	מ
ח	ט	ד	ט	ש	ט	ת	א	פ	ת	ש	כ	ר	צ	ק	ע
ט	ס	מ	ס	ש	ף	ק	ה	ן	ת	ן	ב	ם	כ	ה	ה
צ	ג	ע	ר	ה	ת	צ	ר	ר	א	ל	צ	פ	צ	א	ד
ע	ת	א	ה	ף	ן	ב	מ	ו	ז	י	ק	ה	ס	ט	ד
ת	ח	ש	ש	כ	ס	פ	ב	נ	ל	ב	נ	ן	צ	ש	פ
ף	א	ש	ם	ע	מ	ע	ל	ה	ג	ד	ן	נ	כ	ם	ף

אלבום
אמן
מלחין
הרכב
קונצרט
תופים
דגש
מפורסם
מועדפים
ז'אנר

אלתור
מוזיקה
חדש
ישן
תזמורת
קצב
שיר
סגנון
כישרון
טכניקה

98 - Nature

ד	ח	ד	ס	ם	ם	ע	ר	ם	מ	ם	י	ר	ו	ב	ד
ת	א	י	ת	א	מ	ם	ב	ם	ם	ס	מ	ג	ט	ף	ת
נ	צ	נ	ר	ח	ר	ש	ר	ת	ג	ן	א	ה	כ	מ	ט
א	ט	מ	מ	ת	מ	ב	נ	ק	י	ע	ר	ו	ר	ם	ף
ח	מ	י	ד	ף	ם	ב	ן	ר	ש	ה	ק	ו	י	ל	ש
כ	נ	ת	ב	צ	נ	ע	ת	ח	נ	ק	ט	ל	פ	פ	ש
ט	ה	ג	ר	ו	ת	ט	ר	ו	פ	י	י	ש	ו	ר	מ
מ	ן	ה	ע	ק	צ	ל	ם	ן	ע	ח	ה	ע	י	ע	ר
ח	ט	ן	ש	י	ר	ק	ה	ָ	ג	ש	נ	ף	כ	ב	ג
ת	מ	ן	ל	ם	ד	מ	ל	נ	א	נ	ן	ב	ת	ת	ת
ס	ס	ב	פ	א	ר	.	ט	ח	י	ל	י	נ	ו	י	ח
ר	א	ב	ס	ן	י	ף	ל	ם	ם	ם	ר	ף	י	נ	נ
צ	צ	ת	פ	ם	ף	ג	כ	ש	מ	ם	ה	ח	ח	נ	ם
ע	ש	ת	ס	ר	ב	ס	י	א	ר	פ	ח	ר	ף	ף	ת
ר	ג	ן	ר	פ	ם	ד	ב	ט	ם	ג	צ	ר	ש	ת	ן
כ	ר	ג	ה	ש	נ	ד	ט	פ	ב	צ	ס	מ	ב	נ	ף

עָלִים
יער
קרחון
שליו
נהר
מקלט
שלווה
טרופי
חיוני
פראי

חיות
ארקטי
יופי
דבורים
צוקים
עננים
מדבר
דינמי
שחיקה
ערפל

99 - Vacation #2

צ	ו	ן	ה	ל	ק	ר	פ	א	ג	ן	ח	ל	ב	ב	ש
ם	י	ן	ג	א	מ	ז	כ	ן	ב	ת	ב	ב	ף	ף	ע
מ	ז	פ	ג	ס	פ	ר	נ	ב	ה	ח	א	ת	נ	ד	מ
פ	ה	ט	כ	ד	י	א	ל	פ	ת	ב	ג	ש	ן	ן	ס
ה	ר	י	ם	ח	נ	ל	ר	נ	פ	ו	צ	מ	פ	ה	ע
ט	ט	א	ת	ב	ג	מ	ס	א	ט	ר	ג	ס	ף	ת	ד
א	ה	ר	ם	כ	ט	ד	ע	י	ג	ה	א	ו	ה	ל	ה
ת	ן	כ	ב	מ	א	צ	ש	ס	ה	מ	ר	ש	ב	ף	צ
ד	א	ש	נ	מ	פ	ח	מ	א	מ	ח	ד	ג	ם	ב	מ
פ	נ	צ	ט	מ	ו	נ	י	ת	ת	ג	ג	ס	ש	י	ם
ם	ל	ח	כ	ד	ף	ג	פ	ת	ש	ס	ס	ל	מ	ד	ג
ב	כ	פ	ג	ח	ת	ל	ם	ת	מ	ע	ן	ל	צ	ד	מ
ש	פ	ח	ש	מ	ל	ו	ן	ו	כ	ר	ד	ל	ה	ת	ח
ב	ג	כ	ו	ש	ד	ה	ת	ע	ו	פ	ה	ל	ע	ע	ג
ב	ע	ג	כ	ף	ח	ט	נ	ד	ב	כ	ף	ב	ג	ר	ב
ד	ב	ג	ע	ם	ג	ע	ח	ח	ג	ה	ס	ר	צ	ד	ף

שדה תעופה
חוף
קמפינג
יעד
זר
חג
מלון
אי
מסע
פנאי

מפה
הרים
דרכון
מסעדה
ים
מונית
אוהל
רכבת
תחבורה
ויזה

100 - Electricity

ר	כ	מ	פ	ם	ם	מ	מ	ן	ח	ד	ף	פ	ט	צ	ת
כ	פ	ר	ט	ש	ס	צ	ר	ן	ר	ב	כ	ס	ל	ת	ס
ר	ר	ף	ח	ג	כ	ם	ב	א	א	מ	א	ג	ו	ע	ח
ס	כ	ח	נ	י	ן	ל	י	י	ז	ר	א	ב	ו	ה	ב
ט	צ	ש	ר	ת	ו	מ	כ	ל	ל	כ	ת	כ	י	ח	ן
ת	ג	מ	פ	ש	פ	ב	ם	מ	ס	ג	מ	פ	ז	ם	ג
א	ש	ל	ד	ר	ל	ס	י	ש	ש	ת	צ	ד	י	ט	ם
צ	צ	א	ם	ע	ט	ף	ט	ח	ן	ב	ש	י	ה	כ	ש
מ	פ	י	ד	א	צ	ן	ו	פ	ת	נ	מ	ר	ו	ם	כ
ד	ל	כ	ט	ה	ס	מ	ח	מ	ד	ם	כ	ח	ט	ד	פ
ל	ר	ג	י	ב	ם	ם	כ	ה	כ	ג	ב	ת	ן	ת	ש
מ	ח	ו	ל	ל	ע	פ	נ	ב	ה	ר	ו	נ	מ	ש	ר
א	ו	ב	י	י	ק	ט	י	ם	ל	ל	ר	ת	ף	כ	ף
ד	ם	נ	ל	ה	ש	נ	ם	ג	ל	פ	ט	פ	ם	ב	ט
ף	נ	ח	ש	פ	ל	ג	פ	ט	ו	ד	ח	ח	ן	ח	מ
נ	ל	ת	ד	א	צ	מ	ת	צ	ס	א	ח	ס	ו	ן	ר

סוללה
כבל
חשמלי
חשמלאי
ציוד
מחולל
מנורה
לייזר
מגנט
שלילי

רשת
אובייקטים
חיובי
כמות
שקע
אחסון
טלפון
טלוויזיה
חוטים

1 - Antiques

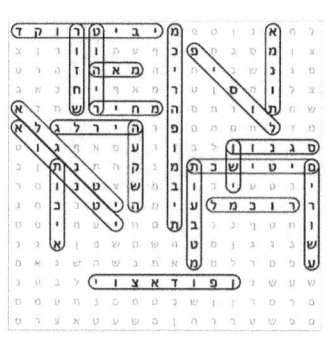

2 - Food #1

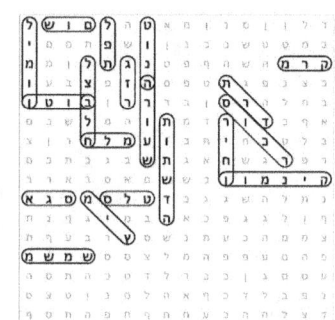

3 - Measurements

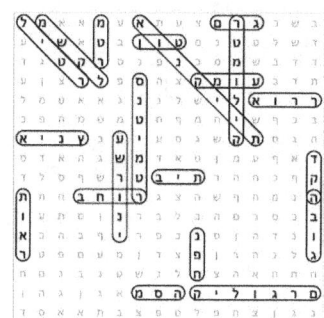

4 - Farm #2

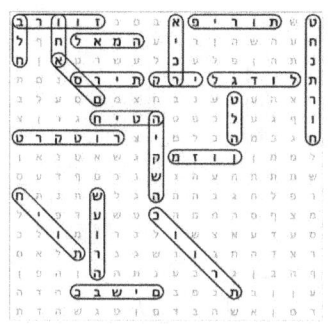

5 - Books

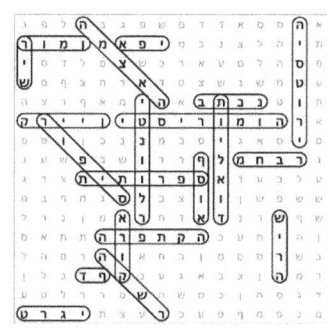

6 - Meditation

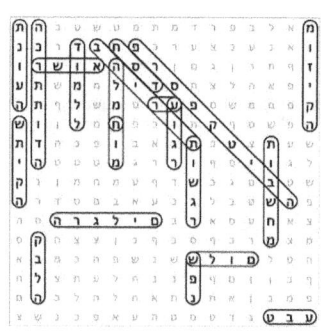

7 - Days and Months

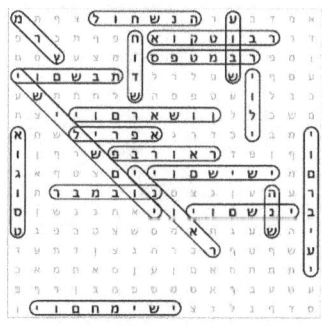

8 - Energy

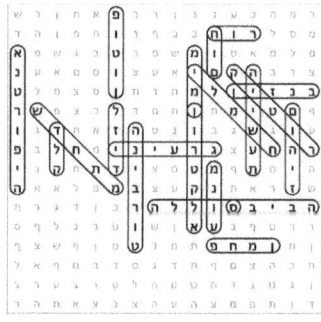

9 - Chess

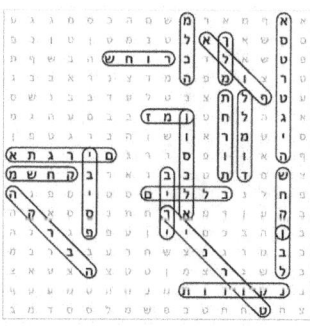

10 - Archeology

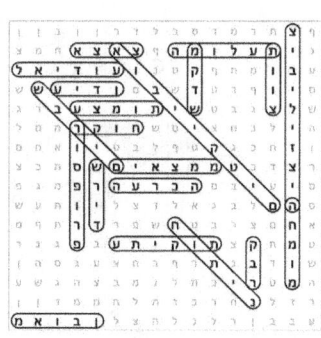

11 - Food #2

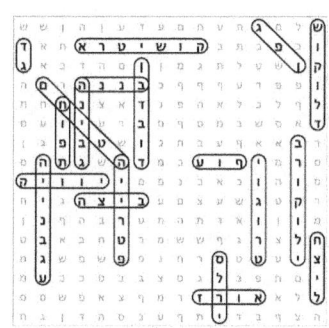

12 - Chemistry

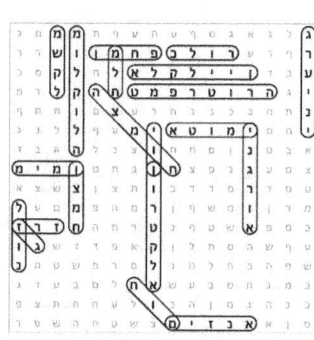

13 - Music

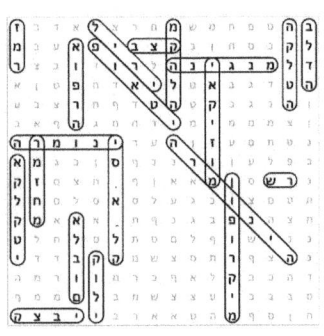

14 - Family

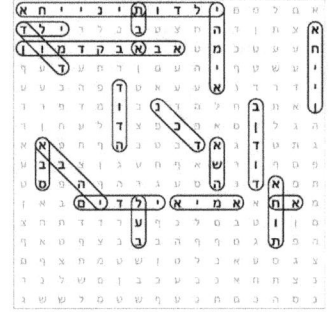

15 - Farm #1

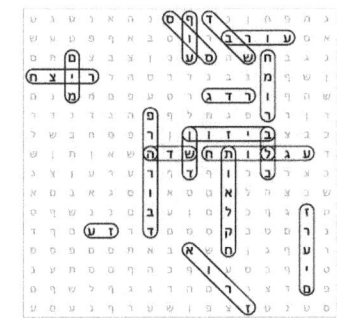

16 - Camping

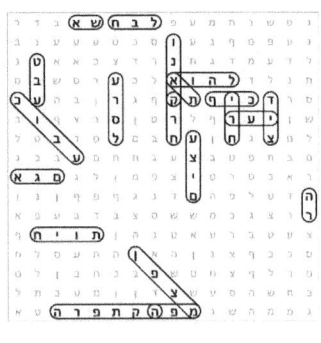

17 - Algebra

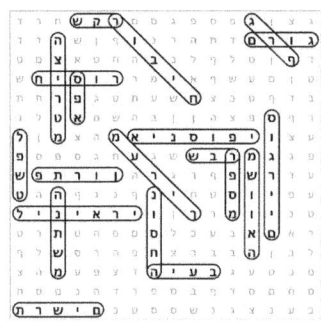

18 - Numbers

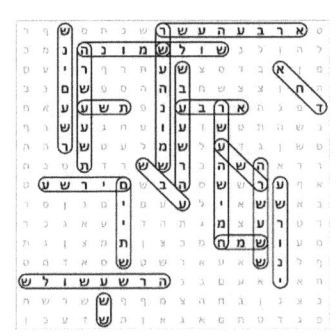

19 - Spices

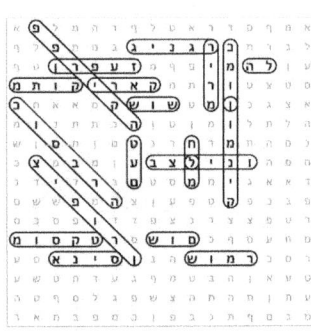

20 - Universe

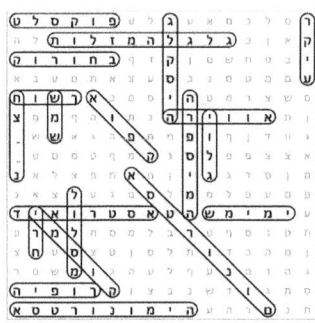

21 - Mammals

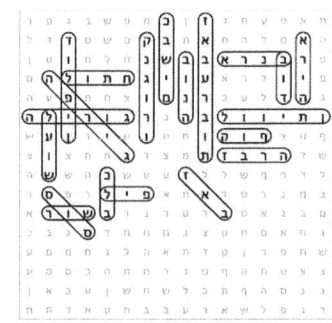

22 - Restaurant #1

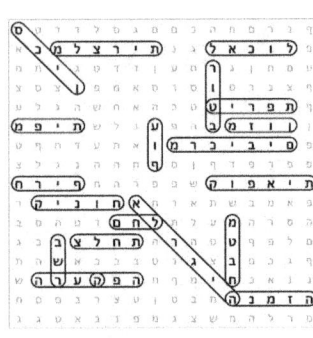

23 - Bees

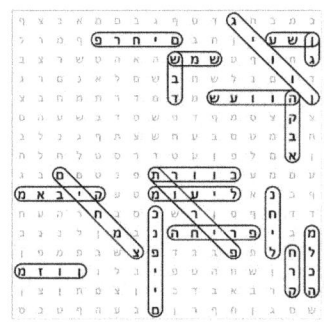

24 - Weather

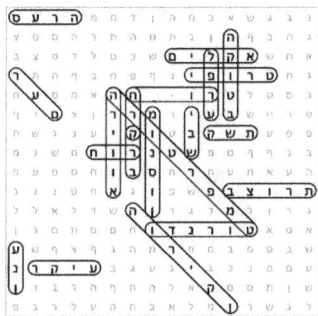

25 - Adventure

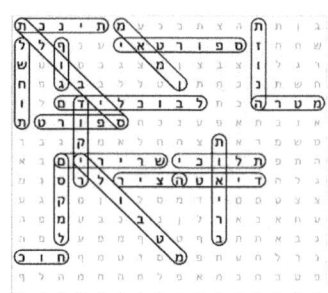

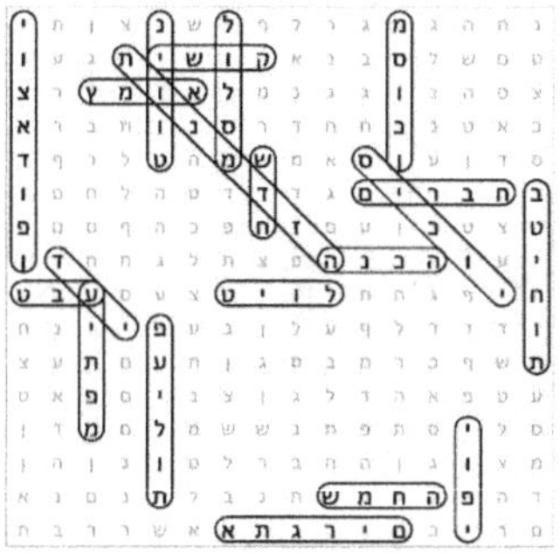

26 - Sport

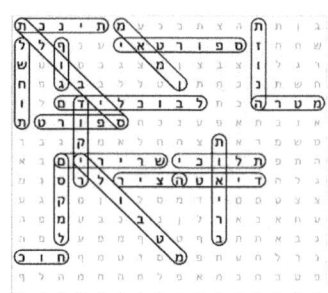

27 - Restaurant #2

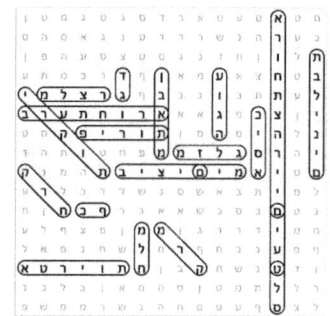

28 - Geology

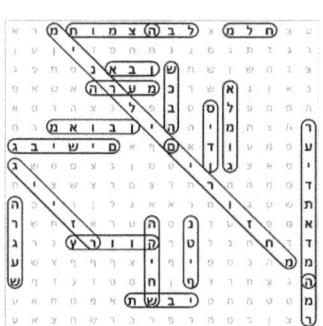

29 - House

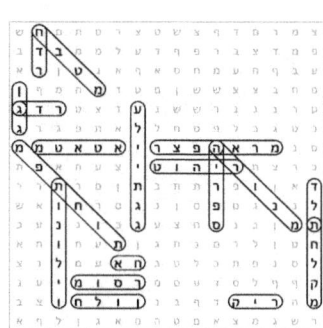

30 - Physics

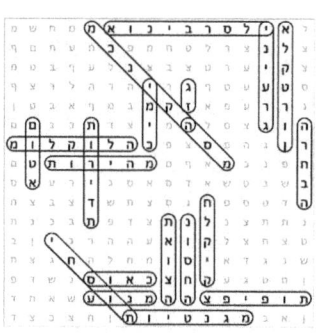

31 - Scientific Disciplines

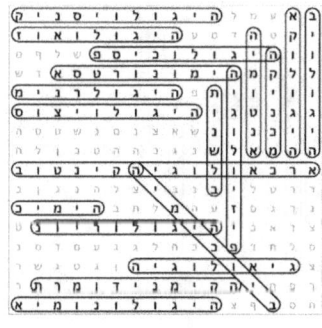

32 - Beauty

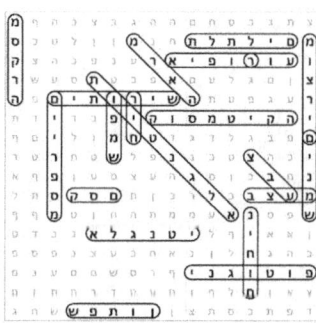

33 - Clothes

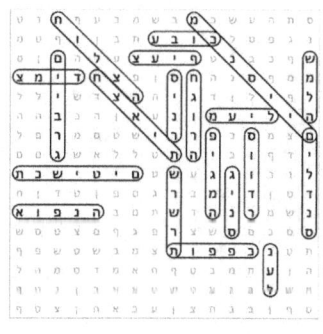

34 - Ethics

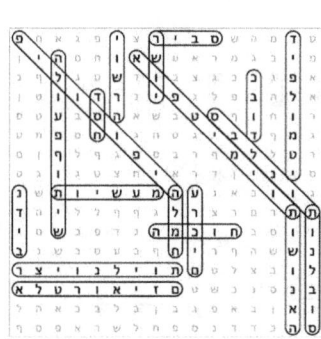

35 - Astronomy

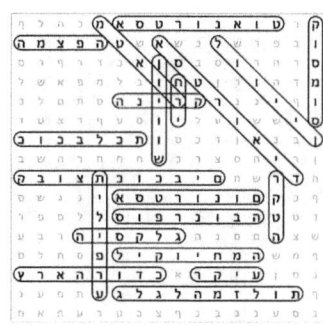

36 - Health and Wellness #2

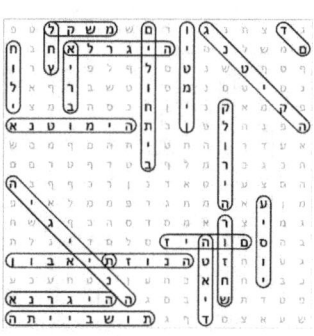

37 - Disease

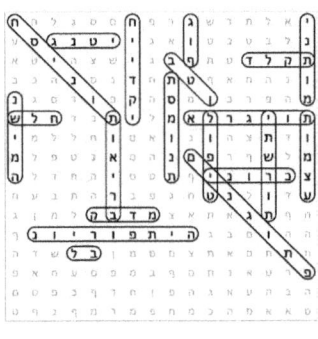

38 - Time

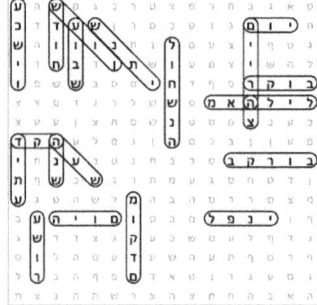

39 - Buildings

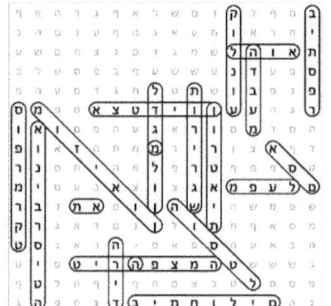

40 - Herbalism

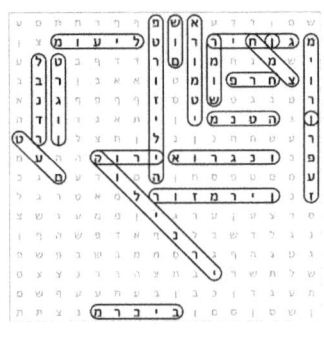

41 - Vehicles

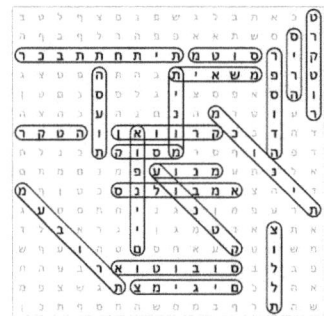

42 - Flowers

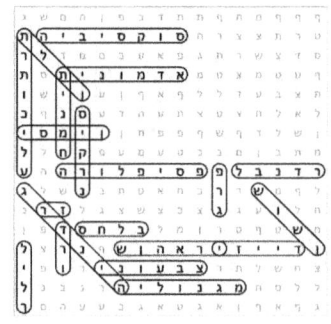

43 - Health and Wellness #1

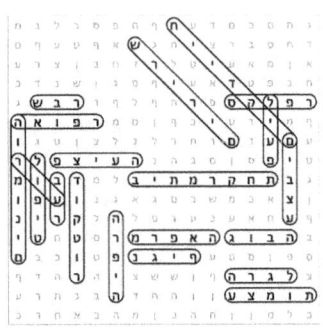

44 - Town

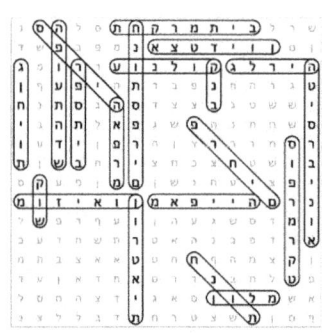

45 - Antarctica

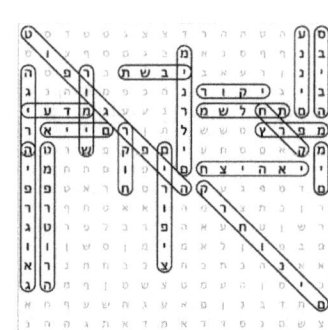

46 - Ballet

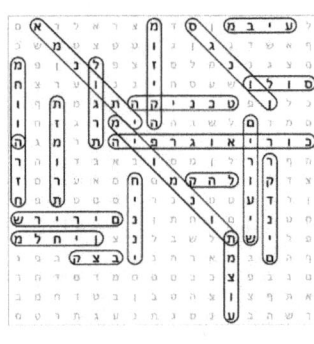

47 - Fashion

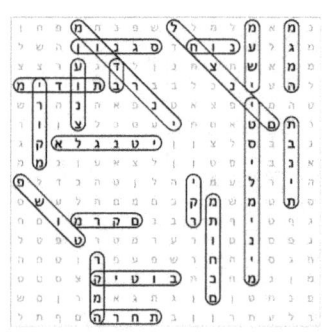

48 - Human Body

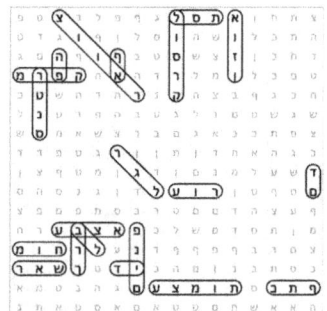

49 - Musical Instruments

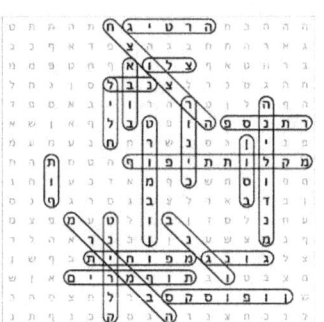

50 - Fruit

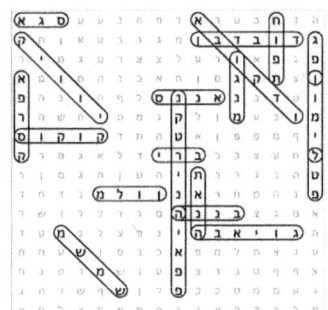

51 - Engineering

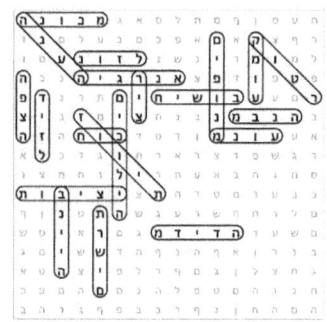

52 - Kitchen

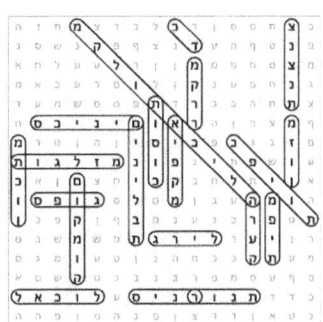

53 - Government

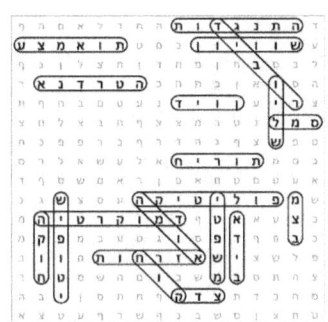

54 - Art Supplies

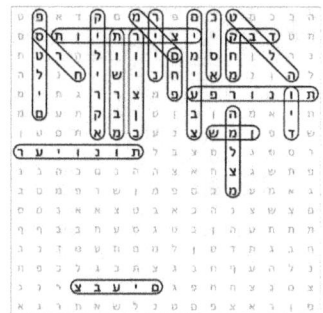

55 - Science Fiction

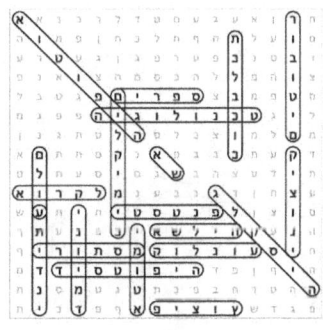

56 - Geometry

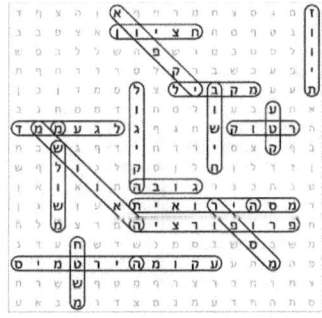

57 - Creativity

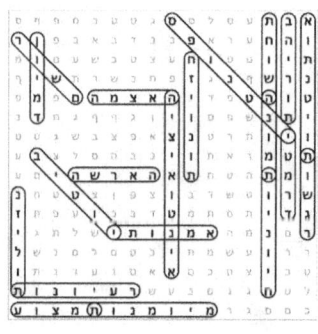

58 - Airplanes

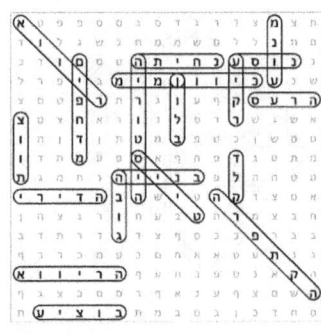

59 - Ocean

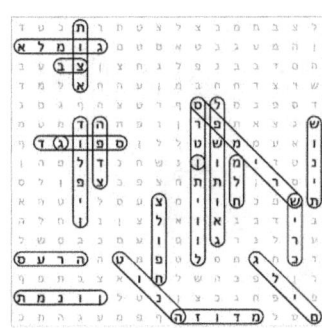

60 - Force and Gravity

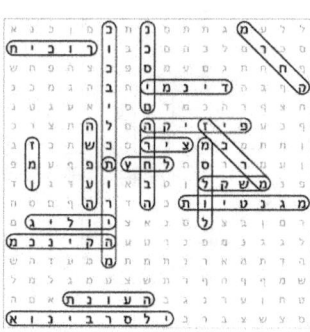

61 - Birds

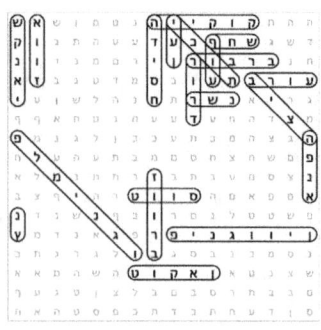

62 - Nutrition

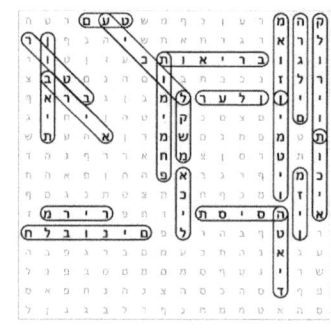

63 - Hiking

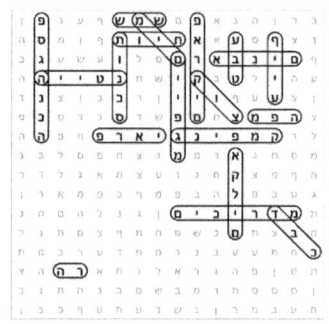

64 - Professions #1

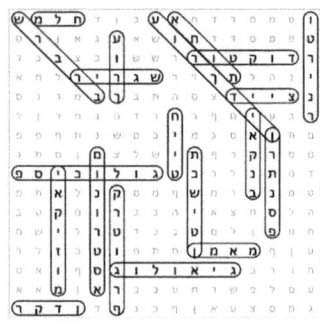

65 - Barbecues

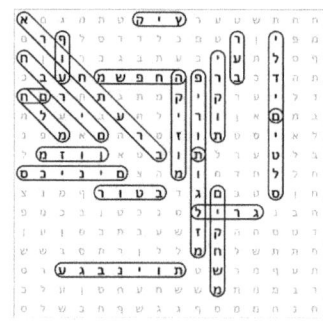

66 - Chocolate

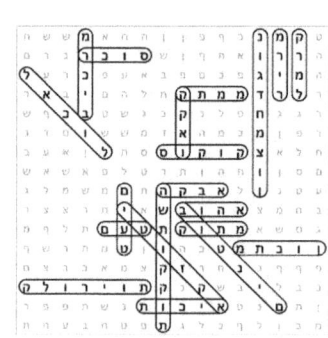

67 - Vegetables

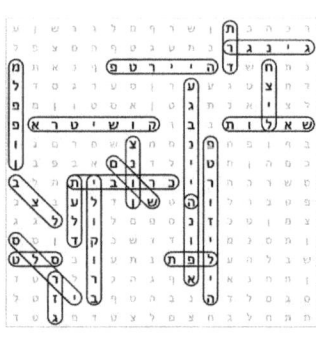

68 - The Media

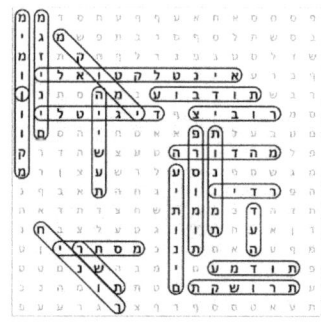

69 - Boats

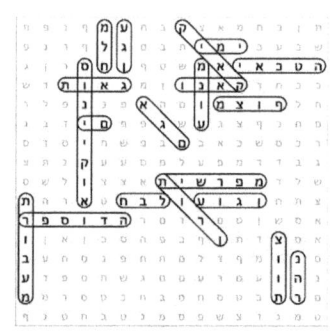

70 - Activities and Leisure

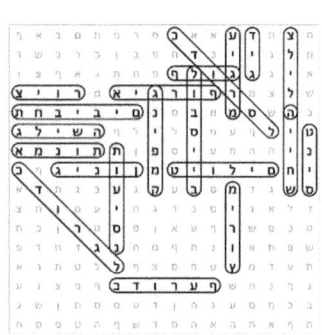

71 - Driving

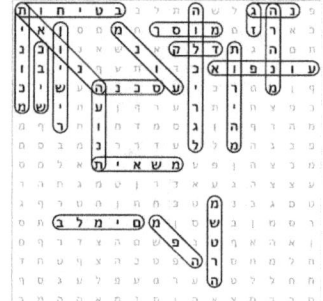

72 - Biology

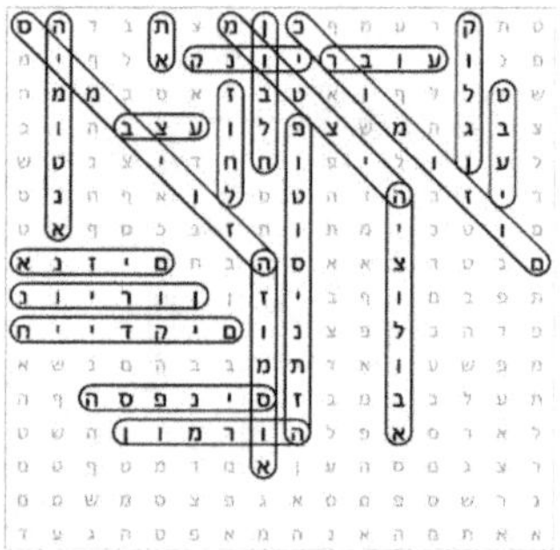

73 - Professions #2

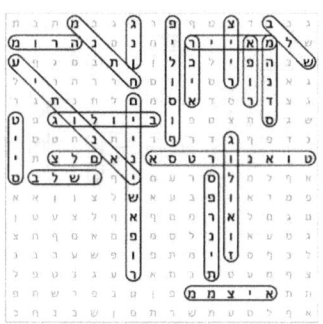

74 - Emotions

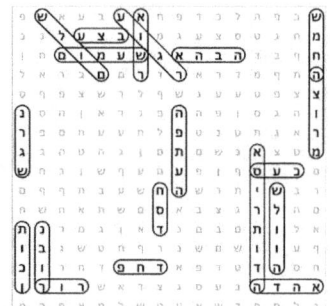

75 - Mythology

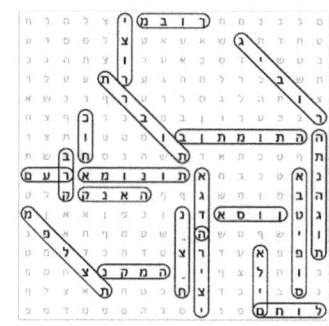

76 - Agronomy

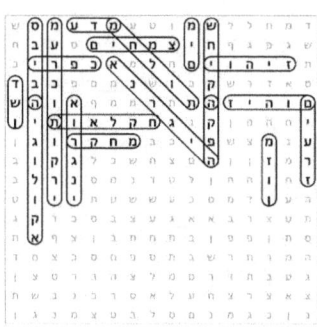

77 - Hair Types

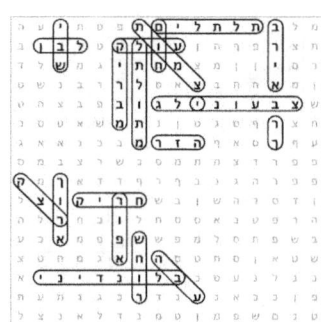

78 - Garden

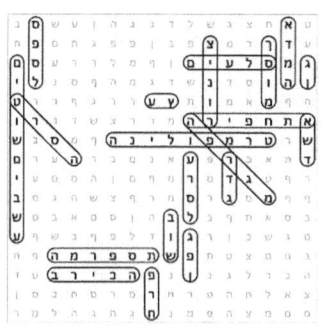

79 - Diplomacy

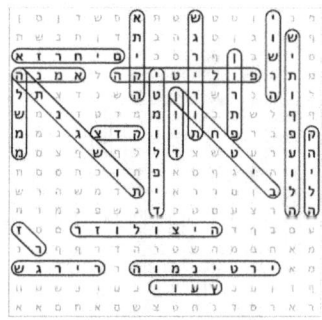

80 - Beach

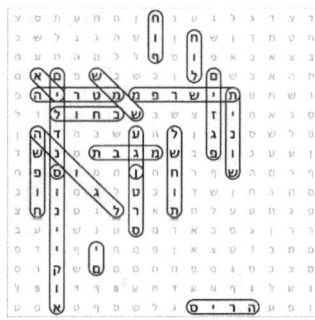

81 - Countries #1

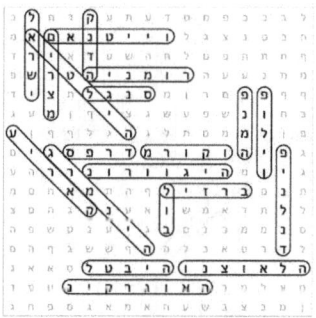

82 - Adjectives #1

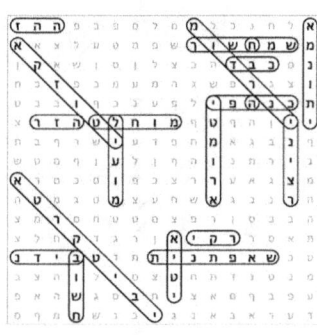

83 - Rainforest

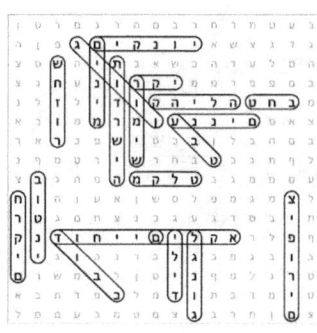

84 - Global Warming

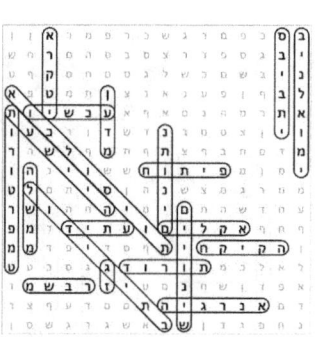

85 - Landscapes

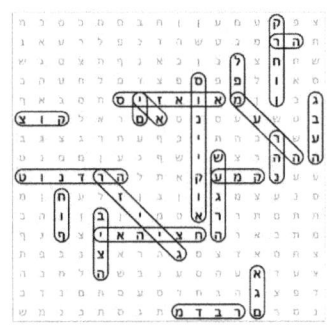

86 - Plants

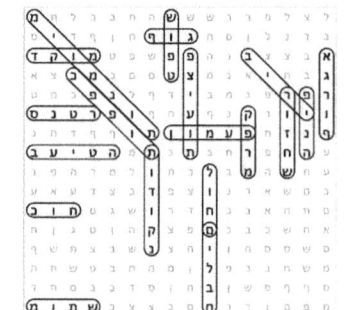

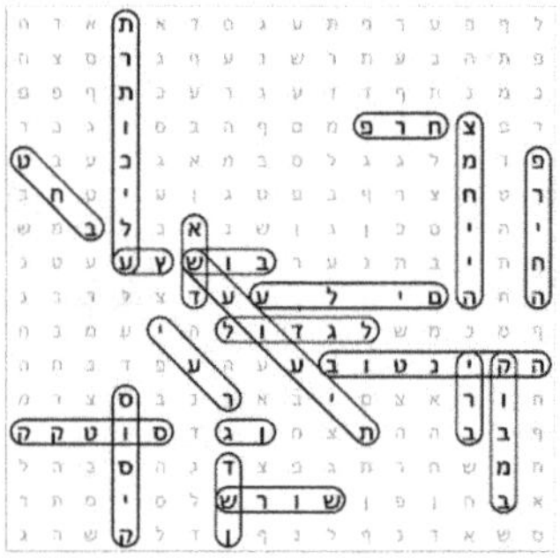

87 - Boxing

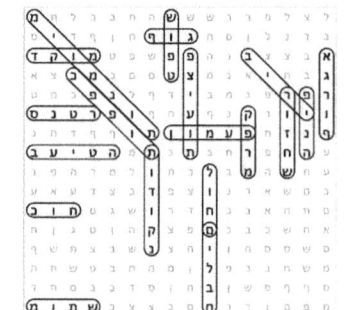

88 - Countries #2

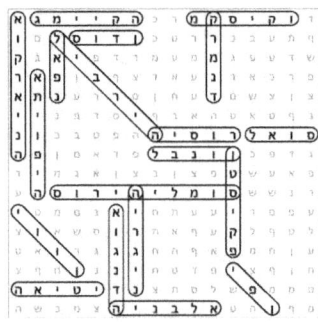

89 - Adjectives #2

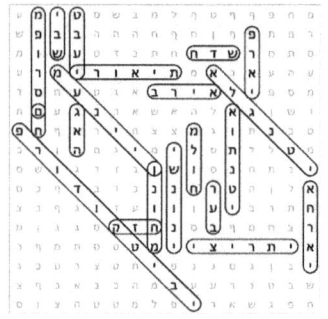

90 - Psychology

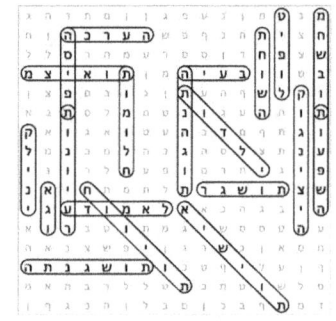

91 - Math

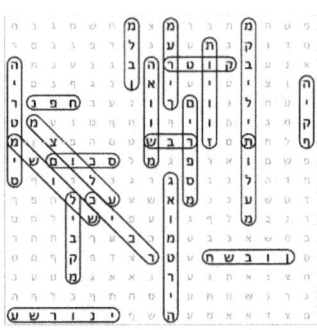

92 - Activities

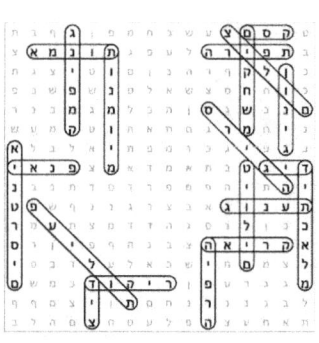

93 - Business

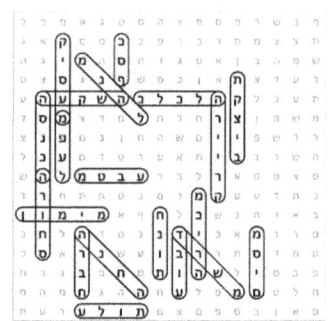

94 - The Company

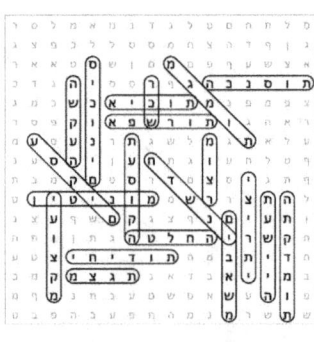

95 - Literature

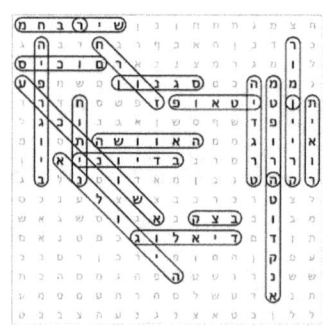

96 - Geography

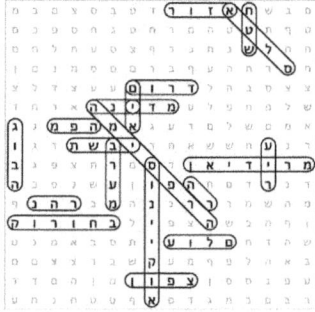

97 - Jazz

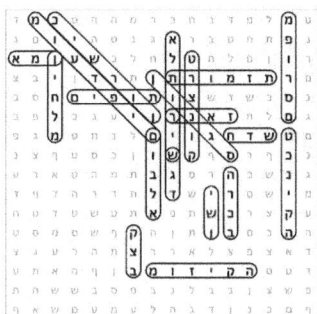

98 - Nature

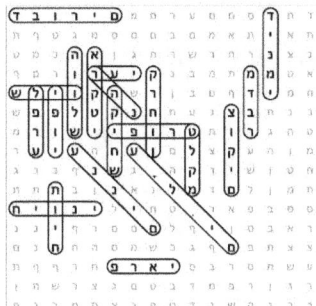

99 - Vacation #2

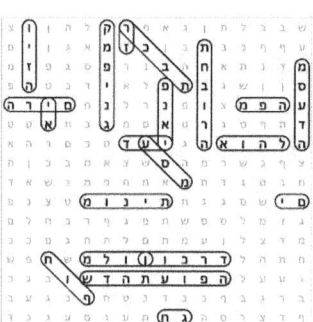

100 - Electricity

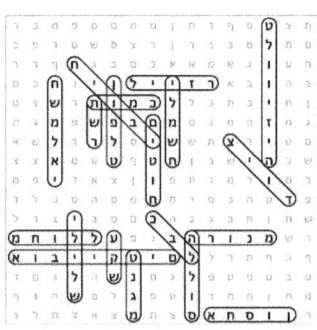

Dictionary

Activities
פעילויות

Activity	פעילות
Art	אמנות
Camping	קמפינג
Crafts	מלאכת יד
Dancing	ריקוד
Fishing	דיג
Games	משחקים
Gardening	גינון
Hiking	טיולים
Hunting	ציד
Interests	אינטרסים
Knitting	סריגה
Leisure	פנאי
Magic	קסם
Photography	צילום
Pleasure	תענוג
Reading	קריאה
Relaxation	הרפיה
Sewing	תפירה
Skill	מיומנות

Activities and Leisure
פעילויות ופנאי

Art	אמנות
Baseball	בייסבול
Basketball	כדורסל
Boxing	איגרוף
Camping	קמפינג
Diving	צלילה
Fishing	דיג
Gardening	גינון
Golf	גולף
Hiking	טיולים
Hobbies	תחביבים
Painting	ציור
Racing	מירוץ
Relaxing	מרגיע
Soccer	כדורגל
Surfing	גלישה
Swimming	שחייה
Tennis	טניס
Travel	נסיעות
Volleyball	כדורעף

Adjectives #1
שמות תואר #1

Absolute	מוחלט
Ambitious	שאפתני
Aromatic	ארומטי
Artistic	אמנותי
Attractive	אטרקטיבי
Beautiful	יפה
Dark	חושך
Exotic	אקזוטי
Generous	נדיב
Happy	שמח
Heavy	כבד
Helpful	מועיל
Honest	כנה
Identical	זהה
Important	חשוב
Modern	מודרני
Serious	רציני
Slow	איטי
Thin	רזה
Valuable	יקר

Adjectives #2
שמות תואר #2

Authentic	אותנטי
Creative	יצירתי
Descriptive	תיאורי
Dry	יבש
Elegant	אלגנטי
Famous	מפורסם
Gifted	מחונן
Healthy	בריא
Hot	חם
Hungry	רעב
Interesting	מעניין
Natural	טבעי
New	חדש
Productive	פרודוקטיבי
Proud	גאה
Responsible	אחראי
Salty	מלוח
Sleepy	ישנוני
Strong	חזק
Wild	פראי

Adventure
הרפתקה

Activity	פעילות
Beauty	יופי
Bravery	אומץ
Challenges	אתגרים
Chance	סיכוי
Dangerous	מסוכן
Destination	יעד
Difficulty	קושי
Excursion	טיול
Friends	חברים
Itinerary	מסלול
Joy	שמחה
Nature	טבע
Navigation	ניווט
New	חדש
Opportunity	הזדמנות
Preparation	הכנה
Safety	בטיחות
Surprising	מפתיע
Unusual	יוצא דופן

Agronomy
אגרונומיה

Agriculture	חקלאות
Diseases	מחלות
Ecology	אקולוגיה
Energy	אנרגיה
Environment	סביבה
Erosion	שחיקה
Fertilizer	דשן
Food	מזון
Identification	זיהוי
Organic	אורגני
Plants	צמחים
Pollution	זיהום
Production	הפקה
Rural	כפרי
Science	מדע
Seeds	זרעים
Study	מחקר
Systems	מערכות
Vegetables	ירקות
Water	מים

Airplanes
מטוסים

Adventure	הרפתקה
Air	אוויר
Atmosphere	אווירה
Balloon	בלון
Construction	בנייה
Crew	צוות
Descent	ירידה
Design	עיצוב
Direction	כיוון
Engine	מנוע
Fuel	דלק
Height	גובה
History	היסטוריה
Hydrogen	מימן
Landing	נחיתה
Passenger	נוסע
Pilot	טייס
Propellers	מדחפים
Sky	רקיע
Turbulence	סערה

Algebra
אלגברה

Addition	חיבור
Diagram	תרשים
Equation	משוואה
Exponent	מעריך
Factor	גורם
False	שקר
Formula	נוסחה
Fraction	שבר
Graph	גרף
Infinite	אינסופי
Linear	ליניארי
Matrix	מטריצה
Number	מספר
Parenthesis	סוגריים
Problem	בעיה
Simplify	לפשט
Solution	פתרון
Subtraction	חיסור
Variable	משתנה
Zero	אפס

Antarctica
אנטארקטיקה

Bay	מפרץ
Birds	ציפורים
Clouds	עננים
Conservation	שימור
Continent	יבשת
Environment	סביבה
Expedition	משלחת
Geography	גאוגרפיה
Glaciers	קרחונים
Ice	קרח
Islands	איים
Migration	הגירה
Minerals	מינרלים
Peninsula	חצי האי
Researcher	חוקר
Rocky	רוקי
Scientific	מדעי
Temperature	טמפרטורה
Topography	טופוגרפיה
Water	מים

Antiques
עתיקות

Art	אמנות
Auction	מכירה פומבית
Authentic	אותנטי
Century	מאה
Coins	מטבעות
Decades	עשורים
Decorative	דקורטיבי
Elegant	אלגנטי
Furniture	ריהוט
Gallery	גלריה
Investment	השקעה
Jewelry	תכשיטים
Old	ישן
Price	מחיר
Quality	איכות
Restoration	שחזור
Sculpture	פיסול
Style	סגנון
To Sell	למכור
Unusual	יוצא דופן

Archeology
ארכיאולוגיה

Analysis	ניתוח
Antiquity	עתיקות
Bones	עצמות
Civilization	ציביליזציה
Descendant	צאצא
Era	עידן
Evaluation	הערכה
Expert	מומחה
Findings	ממצאים
Fossil	מאובן
Fragments	שברים
Mystery	תעלומה
Objects	אובייקטים
Professor	פרופסור
Relic	שריד
Researcher	חוקר
Team	צוות
Temple	מקדש
Tomb	קבר
Unknown	לא ידוע

Art Supplies
ציוד אמנות

Acrylic	אקריליק
Brushes	מברשות
Camera	מצלמה
Chair	כיסא
Charcoal	פחם
Clay	חרס
Colors	צבעים
Creativity	יצירתיות
Easel	כן ציור
Eraser	מחק
Glue	דבק
Ideas	רעיונות
Ink	דיו
Oil	שמן
Paper	נייר
Pastels	פסטלים
Pencils	עפרונות
Table	טבלה
Water	מים
Watercolors	צבעי מים

Astronomy

הימונורטסא

Asteroid	דיאורטסא
Astronaut	טואנורטסא
Astronomer	םונורטסא
Constellation	םיבכוכ תצובק
Cosmos	סומסוק
Earth	ץראה רודכ
Eclipse	המח יוקיל
Equinox	ןוויוש
Galaxy	היסקלג
Meteor	רואטמ
Moon	חרי
Nebula	תיליפרע
Observatory	הפצמה
Planet	תכל בכוכ
Radiation	הנירק
Rocket	הטקר
Satellite	ןיוויל
Sky	עיקר
Supernova	הבונרפוס
Zodiac	תולזמה לגלג

Ballet

טלב

Artistic	יתונמא
Audience	להק
Choreography	היפרגואירוכ
Composer	ןיחלמ
Dancers	םינדקר
Expressive	עיבמ
Gesture	הווחמ
Graceful	ןיניח
Intensity	תמצוע
Lessons	םירועיש
Muscles	םיריrש
Music	הקיזומ
Orchestra	תרומזת
Practice	לוגרת
Rehearsal	הרזח
Rhythm	בצק
Skill	תונמוימ
Solo	ולוס
Style	ןונגס
Technique	הקינכט

Barbecues

ויקיברב

Chicken	ףוע
Children	םידלי
Dinner	ברע תחורא
Family	החפשמ
Food	ןוזמ
Forks	תוגלזמ
Friends	םירבח
Fruit	תוריפ
Games	םיקחשמ
Grill	ליrג
Hot	םח
Hunger	בער
Knives	םיניכס
Music	הקיזומ
Salads	םיטלס
Salt	חלמ
Sauce	בטור
Summer	ץיק
Tomatoes	תוינבגע
Vegetables	תוקרי

Beach

ףוח

Blue	לוחכ
Boat	הריס
Coast	ףוח
Crab	ןטרס
Dock	ןגע
Island	יא
Lagoon	הנוגל
Ocean	סונייקוא
Reef	תינוש
Sailboat	תישרפמ
Sand	לוח
Sandals	םילדנס
Sea	םי
Shells	םיגפצ
Sun	שמש
To Swim	תוחשל
Towel	תבגמ
Umbrella	הירטמ
Vacation	השפוח

Beauty

יפוי

Charm	םסק
Color	עבצ
Cosmetics	הקיטמסוק
Curls	םילתלת
Elegance	תויטנגלא
Elegant	יטנגלא
Fragrance	חוחינ
Lipstick	ןותפש
Makeup	רופיא
Mascara	הרקסמ
Mirror	הארמ
Oils	םינמש
Photogenic	ינגוטופ
Products	םירצומ
Scent	חיר
Scissors	םיירפסמ
Services	םיתוריש
Shampoo	ופמש
Skin	רוע
Stylist	בצעמ

Bees

םירובד

Beneficial	ליעומ
Blossom	החירפ
Diversity	ןווינ
Flowers	םיחרפ
Food	ןוזמ
Fruit	תוריפ
Garden	ןג
Hive	תרווכ
Honey	שבד
Insect	קרח
Plants	םיחמצ
Pollen	הקבא
Pollinator	קיבאמ
Queen	הכלמ
Smoke	ןשע
Sun	שמש
Swarm	ליחנ
Wax	הוועש
Wings	םייפנכ

Biology
היגולויב

Anatomy	הימוטנא
Bacteria	םיקדייח
Cell	את
Chromosome	םוזומורכ
Collagen	ןגלוק
Embryo	רבוע
Enzyme	םיזנא
Evolution	היצולובא
Hormone	ןומרוה
Mammal	קנוי
Mutation	היצטומ
Natural	יעבט
Nerve	בצע
Neuron	ןוריונ
Osmosis	הזומסוא
Photosynthesis	הזתניסוטופ
Protein	ןובלח
Reptile	לחוז
Symbiosis	הזויבמיס
Synapse	הספניס

Birds
םירופיצ

Chicken	ףוע
Crow	ברוע
Cuckoo	הייקוק
Duck	זוורב
Eagle	רשנ
Egg	הציב
Flamingo	וגנימלפ
Goose	זווא
Gull	ףחש
Hawk	ץנ
Heron	הפנא
Ostrich	ןעי
Parrot	יכות
Peacock	סווט
Pelican	יאנקש
Penguin	ןיווגניפ
Sparrow	רורד
Stork	הדיסח
Swan	רוברב
Toucan	ןאקוט

Boats
תורים

Anchor	ןגוע
Buoy	ףוצמ
Canoe	ונאק
Crew	תווצ
Dock	ןגע
Engine	עונמ
Ferry	תרובעמ
Kayak	קאיק
Lake	םגא
Mast	ןרות
Nautical	ימי
Ocean	סונייקוא
Raft	הדוספר
River	רהנ
Rope	לבח
Sailboat	תישרפמ
Sailor	חלמ
Sea	םי
Tide	תואג
Yacht	הטכאי

Books
םירפס

Adventure	הקתפרה
Author	רבחמ
Collection	ףסוא
Context	רשקה
Duality	תוילאוד
Epic	יפא
Historical	ירוטסיה
Humorous	יטסירומוה
Inventive	האצמה
Literary	יתורפס
Narrator	רפסמ
Novel	ןמור
Page	ףד
Poem	ריש
Poetry	הריש
Reader	ארוק
Relevant	יטנוולר
Story	רופיס
Tragic	יגרט
Written	בתכנ

Boxing
ףורגא

Bell	ןומעפ
Body	ףוג
Chin	רטנס
Corner	הניפ
Elbow	קפרמ
Exhausted	שתומ
Fighter	םחול
Fist	ףורגא
Focus	דקומ
Gloves	תופפכ
Injuries	תועיצפ
Kick	הטיעב
Opponent	בירי
Points	תודוקנ
Recovery	רוזחש
Referee	טפוש
Ropes	םילבח
Skill	תונמוימ
Strength	חוכ

Buildings
םיניינב

Apartment	הריד
Barn	םסא
Cabin	את
Castle	הריט
Cinema	עונלוק
Embassy	תוריגש
Factory	לעפמ
Hospital	םילוח תיב
Hostel	לטסוה
Hotel	ןולמ
Laboratory	הדבעמ
Museum	ןואיזומ
Observatory	הפצמ
School	רפס תיב
Stadium	ןוידטצא
Supermarket	טקרמרפוס
Tent	להוא
Theater	ןורטאית
Tower	לדגמ
University	הטיסרבינוא

Business
עסקים

Budget	תקציב
Career	קריירה
Company	חברה
Cost	עלות
Currency	מטבע
Discount	הנחה
Economics	כלכלה
Employee	עובד
Employer	מעסיק
Factory	מפעל
Finance	מימון
Income	הכנסה
Investment	השקעה
Manager	מנהל
Merchandise	סחורה
Money	כסף
Office	משרד
Sale	מכירה
Shop	חנות
Taxes	מסים

Camping
מחנאות

Adventure	הרפתקה
Animals	חיות
Cabin	תא
Canoe	קאנו
Compass	מצפן
Fire	אש
Forest	יער
Fun	כיף
Hammock	ערסל
Hat	כובע
Hunting	ציד
Insect	חרק
Lake	אגם
Map	מפה
Moon	ירח
Mountain	הר
Nature	טבע
Rope	חבל
Tent	אוהל
Trees	עצים

Chemistry
כימיה

Acid	חומצה
Alkaline	אלקליין
Atomic	אטומי
Carbon	פחמן
Catalyst	זרז
Chlorine	כלור
Electron	אלקטרון
Enzyme	אנזים
Gas	גז
Heat	חום
Hydrogen	מימן
Ion	יון
Liquid	נוזל
Molecule	מולקולה
Nuclear	גרעיני
Organic	אורגני
Oxygen	חמצן
Salt	מלח
Temperature	טמפרטורה
Weight	משקל

Chess
שחמט

Black	שחור
Challenges	אתגרים
Champion	אלוף
Contest	תחרות
Diagonal	אלכסון
Game	משחק
King	מלך
Opponent	יריב
Passive	פסיבי
Player	שחקן
Points	נקודות
Queen	מלכה
Rules	כללים
Sacrifice	הקרבה
Strategy	אסטרטגיה
Time	זמן
To Learn	ללמוד
Tournament	טורניר
White	לבן

Chocolate
שוקולד

Antioxidant	נוגד חמצון
Bitter	מריר
Cacao	קקאו
Calories	קלוריות
Candy	ממתק
Caramel	קרמל
Coconut	קוקוס
Craving	השתוקקות
Delicious	טעים
Exotic	אקזוטי
Favorite	אהוב
Ingredient	מרכיב
Peanuts	בוטנים
Powder	אבקה
Quality	איכות
Recipe	מתכון
Sugar	סוכר
Sweet	מתוק
Taste	טעם
To Eat	לאכול

Clothes
בגדים

Apron	סינר
Belt	חגורה
Bracelet	צמיד
Coat	מעיל
Dress	שמלה
Fashion	אופנה
Gloves	כפפות
Hat	כובע
Jeans	ג'ינס
Jewelry	תכשיטים
Necklace	שרשרת
Pajamas	פיג'מה
Pants	מכנסיים
Sandals	סנדלים
Scarf	צעיף
Shirt	חולצה
Shoe	נעל
Skirt	חצאית
Socks	גרביים
Sweater	סוודר

Countries #1
מדינות 1#

Brazil	ברזיל
Canada	קנדה
Egypt	מצרים
Finland	פינלנד
Germany	גרמניה
Iraq	עיראק
Israel	ישראל
Italy	איטליה
Latvia	לטביה
Libya	לוב
Morocco	מרוקו
Nicaragua	ניקרגואה
Norway	נורווגיה
Panama	פנמה
Poland	פולין
Romania	רומניה
Senegal	סנגל
Spain	ספרד
Venezuela	ונצואלה
Vietnam	וייטנאם

Countries #2
מדינות 2#

Albania	אלבניה
Denmark	דנמרק
Ethiopia	אתיופיה
Greece	יוון
Haiti	האיטי
Jamaica	ג'מייקה
Japan	יפן
Laos	לאוס
Lebanon	לבנון
Liberia	ליבריה
Mexico	מקסיקו
Nepal	נפאל
Nigeria	ניגריה
Pakistan	פקיסטן
Russia	רוסיה
Somalia	סומליה
Sudan	סודן
Syria	סוריה
Uganda	אוגנדה
Ukraine	אוקראינה

Creativity
יצירתיות

Artistic	אמנותי
Authenticity	אותנטיות
Clarity	בהירות
Dramatic	דרמטי
Emotions	רגשות
Expression	ביטוי
Fluidity	נזילות
Ideas	רעיונות
Image	תמונה
Imagination	דמיון
Impression	רושם
Inspiration	השראה
Intensity	עוצמה
Intuition	אינטואיציה
Inventive	המצאה
Sensation	תחושה
Skill	מיומנות
Spontaneous	ספונטני
Visions	חזיונות
Vitality	חיוניות

Days and Months
ימים וחודשים

April	אפריל
August	אוגוסט
Calendar	לוח שנה
February	פברואר
Friday	יום שישי
January	ינואר
July	יולי
March	מרץ
Monday	יום שני
Month	חודש
November	נובמבר
October	אוקטובר
Saturday	יום שבת
September	ספטמבר
Sunday	יום ראשון
Thursday	יום חמישי
Tuesday	יום שלישי
Wednesday	יום רביעי
Week	שבוע
Year	שנה

Diplomacy
דיפלומטיה

Adviser	יועץ
Ambassador	שגריר
Citizens	אזרחים
Community	קהילה
Conflict	התנגשות
Cooperation	שיתוף פעולה
Diplomatic	דיפלומטי
Discussion	דיון
Embassy	שגרירות
Ethics	אתיקה
Foreign	זר
Government	ממשלה
Humanitarian	הומניטרי
Integrity	יושרה
Justice	צדק
Politics	פוליטיקה
Resolution	רזולוציה
Security	ביטחון
Solution	פתרון
Treaty	אמנה

Disease
מחלות

Abdominal	בטן
Allergies	אלרגיות
Bacterial	חיידקי
Body	גוף
Bones	עצמות
Chronic	כרוני
Contagious	מדבק
Genetic	גנטי
Health	בריאות
Heart	לב
Hereditary	תורשתי
Immunity	חסינות
Inflammation	דלקת
Lumbar	מותני
Neuropathy	נוירופתיה
Pathogens	פתוגנים
Respiratory	נשימתי
Syndrome	תסמונת
Therapy	טיפול
Weak	חלש

Driving
הגיהנ

Accident	הנואת
Brakes	םימלב
Car	תינוכמ
Danger	הנכס
Driver	גהנ
Fuel	קלד
Garage	ךסומ
Gas	זג
License	ןוישיר
Map	הפמ
Motor	עונמ
Motorcycle	עונפוא
Pedestrian	לגר יכלוה
Police	הרטשמ
Road	שיבכ
Safety	תוחיטב
Speed	תוריהמ
Traffic	העונת
Truck	תיאשמ
Tunnel	הרהנמ

Electricity
למשח

Battery	הללוס
Cable	לבכ
Electric	ילמשח
Electrician	יאלמשח
Equipment	דויצ
Generator	ללוחמ
Lamp	הרונמ
Laser	רזייל
Magnet	טנגמ
Negative	ילילש
Network	תשר
Objects	םיטקייבוא
Positive	יבויח
Quantity	תומכ
Socket	עקש
Storage	ןוסחא
Telephone	ןופלט
Television	היזיוולט
Wires	םיטוח

Emotions
תושגר

Anger	סעכ
Bliss	רשוא
Boredom	םומעש
Calm	עוגר
Content	תוכז
Embarrassed	ךובנ
Excited	שגרנ
Fear	דחפ
Grateful	הדות ריסא
Joy	החמש
Kindness	דסח
Love	הבהא
Peace	םולש
Sadness	בצע
Satisfied	הצורמ
Surprise	העתפה
Sympathy	הדהא
Tenderness	ךור
Tranquility	הוולש

Energy
היגרנא

Battery	הללוס
Carbon	ןמחפ
Diesel	לזיד
Electric	ילמשח
Electron	ןורטקלא
Entropy	היפורטנא
Environment	הביבס
Fuel	קלד
Gasoline	ןיזנב
Heat	םוח
Hydrogen	ןמימ
Industry	היישעת
Motor	עונמ
Nuclear	יניערג
Photon	ןוטופ
Pollution	םוהיז
Renewable	שדחתמ
Steam	רוטיק
Turbine	הניבروט
Wind	חור

Engineering
הסדנה

Angle	תיווז
Axis	ריצ
Calculation	בושיח
Construction	היינב
Depth	קמוע
Diagram	םישרת
Diameter	רטוק
Diesel	לזיד
Distribution	הצפה
Energy	היגרנא
Gears	םיכוליה
Levers	םיפונמ
Liquid	לזונ
Machine	הנוכמ
Measurement	הדידמ
Motor	עונמ
Propulsion	הענה
Stability	תוביצי
Strength	חוכ
Structure	הנבמ

Ethics
הקיתא

Altruism	םזיאורטלא
Benevolent	ביידנ
Compassion	הלמח
Cooperation	הלועפ ףותיש
Dignity	דובכ
Diplomatic	יטמולפיד
Honesty	רשוי
Humanity	תושונאה
Integrity	הרשוי
Kindness	דסח
Optimism	תוימיטפוא
Patience	תונלבס
Philosophy	היפוסוליפ
Rationality	תוילנויצר
Realism	תוישעמ
Reasonable	ריבס
Tolerance	תונלבוס
Values	םיכרע
Wisdom	המכוח

Family

יתחפשמ רדח

Ancestor	ןומדק בא
Aunt	הדוד
Brother	חא
Child	דלי
Childhood	תודלי
Children	םידלי
Cousin	דוד ןב
Daughter	תב
Father	אבא
Grandfather	אבס
Grandson	דכנ
Husband	לעב
Maternal	יהמיא
Mother	אמיא
Nephew	ןייחא
Niece	תינייחא
Paternal	יהבא
Sister	תוחא
Uncle	דוד
Wife	השא

Farm #1

קשמ #1

Agriculture	תואלקח
Bee	הרובד
Bison	ןוזיב
Calf	לגע
Cat	לותח
Chicken	ףוע
Cow	הרפ
Crow	ברוע
Dog	בלכ
Donkey	רומח
Fence	רדג
Fertilizer	ןשד
Field	הדש
Goat	זע
Hay	ריצח
Honey	שבד
Horse	סוס
Rice	זרוא
Seeds	םיערז
Water	םימ

Farm #2

קשמ #2

Animals	תויח
Barley	הרועש
Barn	םסא
Beehive	תרווכ
Corn	סרית
Duck	זוורב
Farmer	רכיא
Food	ןוזמ
Fruit	תוריפ
Irrigation	היקשה
Lamb	הלט
Llama	המאל
Meadow	וחא
Milk	בלח
Sheep	םישבכ
To Grow	לודגל
Tractor	רוטקרט
Vegetable	קרי
Wheat	הטיח
Windmill	חור תנחט

Fashion

הנפוא

Boutique	קיטוב
Buttons	םינצחל
Comfortable	חונ
Elegant	יטנגלא
Embroidery	המקר
Expensive	רקי
Fabric	דב
Lace	הרחת
Measurements	תודימ
Minimalist	יטסילמינימ
Modern	ינרדומ
Modest	עונצ
Original	ירוקמ
Pattern	תינבת
Practical	ישעמ
Simple	טושפ
Sophisticated	םכחותמ
Style	ןונגס
Texture	םקרמ
Trend	המגמ

Flowers

םיחרפ

Bouquet	רז
Clover	ןתלת
Daffodil	סיקרנ
Daisy	יזייד
Dandelion	יראה ןש
Gardenia	הינדרג
Hibiscus	סוקסיביה
Jasmine	ןימסי
Lavender	רדנבל
Lilac	ךליל
Lily	ןשוש
Magnolia	הילונגמ
Orchid	בלחס
Passionflower	הרולפיספ
Peony	תינומדא
Petal	תרתוכ ילע
Poppy	גרפ
Rose	דרו
Sunflower	תינמח
Tulip	ינועבצ

Food #1

ןוזמ #1

Apricot	שמשמ
Barley	הרועש
Basil	ןחיר
Carrot	רזג
Cinnamon	ןומניק
Garlic	םוש
Juice	ץימ
Lemon	ןומיל
Milk	בלח
Onion	לצב
Peanut	ןטוב
Pear	סגא
Salad	טלס
Salt	חלמ
Soup	קרמ
Spinach	דרת
Strawberry	הדש תות
Sugar	רכוס
Tuna	הנוט
Turnip	תפל

Food #2

ןוזמ #2

Apple	חופת
Artichoke	קושיטרא
Banana	הננב
Broccoli	ילוקורב
Celery	ירלס
Cheese	הניבג
Cherry	ןבדבוד
Chicken	ףוע
Chocolate	דלוקוש
Egg	הציב
Eggplant	ליצח
Fish	גד
Grape	ןפג
Ham	םח
Kiwi	יוויק
Mushroom	היירטפ
Rice	זרוא
Tomato	הייגבע
Wheat	הטיח
Yogurt	טרוגוי

Force and Gravity

הדיבכה חוכו חוכ

Axis	ריצ
Center	זכרמ
Discovery	יוליג
Distance	קחרמ
Dynamic	ימניד
Expansion	הבחרה
Friction	ךוכיח
Impact	העפשה
Magnetism	תויטנגמ
Mechanics	הקינכמ
Motion	העונת
Orbit	לולסמ
Physics	הקיזיפ
Planets	תכל יבכוכ
Pressure	ץחל
Properties	םיסכנ
Speed	תוריהמ
Time	ןמז
Universal	ילסרבינוא
Weight	לקשמ

Fruit

תוריפ

Apple	חופת
Apricot	שמשמ
Avocado	ודקובא
Banana	הננב
Berry	ירב
Cherry	ןבדבוד
Coconut	סוקוק
Fig	הנאת
Grape	ןפג
Guava	הבאיוג
Kiwi	יוויק
Lemon	ןומיל
Mango	וגנמ
Melon	ןולמ
Nectarine	הנירטקנ
Papaya	היאפפ
Peach	קספרא
Pear	סגא
Pineapple	סננא
Raspberry	לטפ

Garden

ןג

Bench	לספס
Bush	שוב
Fence	רדג
Flower	חרפ
Garage	ךסומ
Garden	ןג
Grass	אשד
Hammock	לסרע
Hose	רוניצ
Pond	הכירב
Porch	תספרמה
Rake	הפרגמ
Rocks	םיעלס
Shovel	הריפח תא
Soil	המדא
Terrace	הסרט
Trampoline	הנילופמרט
Tree	ץע
Vine	ןפג
Weeds	םיטוש םיבשע

Geography

היפרגואג

Altitude	הבוג
Atlas	סלטא
City	ריע
Continent	תשבי
Country	הנידמ
Hemisphere	הרפסימה
Island	יא
Latitude	בחור וק
Map	הפמ
Meridian	ןאידירמ
Mountain	רה
North	ןופצ
Ocean	סונייקוא
Region	רוזא
River	רהנ
Sea	םי
South	םורד
Territory	חטש
West	ברעמ
World	םלוע

Geology

היגולואיג

Acid	הצמוח
Calcium	ןדיס
Cavern	הרעמ
Continent	תשבי
Coral	גומלא
Crystals	םישיבג
Cycles	םירוזחמ
Earthquake	המדא תדיער
Erosion	הקיחש
Fossil	ןבואמ
Geyser	רזייג
Lava	הבל
Layer	הבכש
Minerals	םילרנימ
Plateau	המר
Quartz	ץרווק
Salt	חלמ
Stalactite	ףיטנ
Stone	ןבא
Volcano	שעג רה

Geometry

גאומטריה

Angle	זווית
Calculation	חישוב
Circle	מעגל
Curve	עקומה
Diameter	קוטר
Dimension	ממד
Equation	משואה
Height	גובה
Horizontal	אופקי
Logic	לוגיקה
Mass	מסה
Median	חציון
Number	מספר
Parallel	מקביל
Proportion	פרופורציה
Segment	קטע
Surface	משטח
Symmetry	סימטריה
Theory	תיאוריה
Triangle	משולש

Global Warming

התחממות כדור הארץ

Arctic	ארקטי
Changes	שינויים
Climate	אקלים
Crisis	משבר
Data	נתונים
Development	פיתוח
Energy	אנרגיה
Environmental	סביבתי
Future	עתיד
Gas	גז
Generations	דורות
Government	ממשלה
Habitats	בתי גידול
Industry	תעשייה
International	בינלאומי
Legislation	חקיקה
Now	עכשיו
Populations	אוכלוסיות
Scientist	מדען
Temperatures	טמפרטורות

Government

ממשלה

Citizenship	אזרחות
Civil	אדיב
Constitution	חוקה
Democracy	דמוקרטיה
Discussion	דיון
Dissent	התנגדות
Equality	שוויון
Independence	עצמאות
Judicial	שיפוטי
Justice	צדק
Law	חוק
Legal	משפטי
Liberty	חירות
Monument	אנדרטה
Nation	אומה
Peaceful	שליו
Politics	פוליטיקה
Speech	דיבור
State	מצב
Symbol	סמל

Hair Types

סוגי שיער

Bald	קירח
Black	שחור
Blond	בלונדיני
Braided	קלוע
Braids	צמות
Brown	חום
Colored	צבעוני
Curls	תלתלים
Curly	מתולתל
Dry	ירש
Gray	אפור
Healthy	בריא
Long	ארוך
Shiny	מבריק
Short	קצר
Soft	רך
Thick	עבה
Thin	רזה
Wavy	גלי
White	לבן

Health and Wellness #1

בריאות ובריאות #1

Active	פעיל
Bacteria	חיידקים
Bones	עצמות
Clinic	מרפאה
Doctor	דוקטור
Fracture	שבר
Habit	הרגל
Height	גובה
Hormones	הורמונים
Hunger	רעב
Injury	פציעה
Medicine	רפואה
Muscles	שרירים
Nerves	עצבים
Pharmacy	בית מרקחת
Reflex	רפלקס
Relaxation	הרפיה
Skin	עור
Treatment	טיפול
Virus	נגיף

Health and Wellness #2

בריאות ובריאות #2

Allergy	אלרגיה
Anatomy	אנטומיה
Appetite	תיאבון
Blood	דם
Calorie	קלוריה
Dehydration	התייבשות
Diet	דיאטה
Disease	חולי
Energy	אנרגיה
Genetics	גנטיקה
Healthy	בריא
Hospital	בית חולים
Hygiene	היגיינה
Infection	זיהום
Massage	עיסוי
Nutrition	תזונה
Recovery	שחזור
Stress	לחץ
Vitamin	ויטמין
Weight	משקל

Herbalism

אפרם יחמצ

Aromatic	יטמורא
Basil	ןחיר
Beneficial	ליעומ
Culinary	ירנילוק
Fennel	רמוש
Flavor	םעט
Flower	חרפ
Garden	ןג
Garlic	םוש
Green	קורי
Ingredient	ביכרמ
Lavender	רדנבל
Marjoram	ןרוימ
Mint	הטנמ
Oregano	ונגרוא
Parsley	הילירטפ
Plant	חמצ
Rosemary	ןירמזור
Saffron	ןרפעז
Tarragon	ןוגרט

Hiking

םיילגר םילויט

Animals	תויח
Boots	םייפגמ
Camping	גניפמק
Cliff	קוצ
Climate	םילקא
Guides	םיכירדמ
Hazards	תונכס
Heavy	דבכ
Map	הפמ
Mountain	רה
Nature	עבט
Orientation	תואצמתה
Parks	םיקראפ
Preparation	הנכה
Stones	םינבא
Summit	הגספ
Sun	שמש
Tired	ףייע
Water	םימ
Wild	יארפ

House

תיב

Attic	גג תיילע
Broom	אטאטמ
Curtains	תונוליו
Door	תלד
Fence	רדג
Fireplace	חא
Floor	הפצר
Furniture	טוהיר
Garage	ךסומ
Garden	ןג
Keys	תוחתפמ
Kitchen	חבטמ
Lamp	הרונמ
Library	הירפס
Mirror	הארמ
Roof	גג
Room	רדח
Shower	תחלקמ
Wall	ריק
Window	ןולח

Human Body

םדאה ףוג

Ankle	לוסרק
Blood	םד
Bones	תומצע
Brain	חומ
Chin	רטנס
Ear	ןזוא
Elbow	קפרמ
Face	םינפ
Finger	עבצא
Hand	די
Head	שאר
Heart	בל
Jaw	תסל
Knee	ךרב
Leg	לגר
Mouth	הפ
Neck	ראווצ
Nose	ףא
Shoulder	ףתכ
Skin	רוע

Jazz

זא ' ג

Album	םובלא
Artist	ןמא
Composer	ןיחלמ
Composition	הכרב
Concert	טרצנוק
Drums	םיפות
Emphasis	שגד
Famous	םסרופמ
Favorites	םיפדעומ
Genre	רנא'ז
Improvisation	רותלא
Music	הקיזומ
New	שדח
Old	ןשי
Orchestra	תרומזת
Rhythm	בצק
Song	ריש
Style	ןונגס
Talent	ןורשיכ
Technique	הקינכט

Kitchen

חבטמ

Apron	רניס
Bowl	הרעק
Chopsticks	הליכא תולקמ
Cups	תוסוכ
Food	ןוזמ
Forks	תוגלזמ
Freezer	איפקמ
Grill	לירג
Jar	תנצנצ
Jug	דכ
Kettle	םוקמוק
Knives	םיניכס
Napkin	תיפמ
Oven	רונת
Recipe	ןוכתמ
Refrigerator	ררקמ
Spices	םינילבת
Sponge	גופס
Spoons	תויפכ
To Eat	לוכאל

Landscapes
נופים

Beach	חוף
Cave	מערה
Cliff	צוק
Desert	מדבר
Geyser	גייזר
Hill	גבעה
Iceberg	קרחון
Island	אי
Lake	אגם
Mountain	הר
Oasis	אואזיס
Ocean	אוקיינוס
Peninsula	חצי האי
River	נהר
Sea	ים
Swamp	ביצה
Tundra	טונדרה
Valley	עמק
Volcano	הר געש
Waterfall	מפל

Literature
ספרות

Analogy	אנלוגיה
Analysis	ניתוח
Anecdote	אנקדוטה
Author	מחבר
Biography	ביוגרפיה
Comparison	השוואה
Conclusion	סיכום
Description	תיאור
Dialogue	דיאלוג
Fiction	בדיוני
Metaphor	מטפורה
Narrator	קריין
Novel	רומן
Poem	שיר
Poetic	פואטי
Rhyme	חרוז
Rhythm	קצב
Style	סגנון
Theme	ערכת נושא
Tragedy	טרגדיה

Mammals
יונקים

Bear	דוב
Beaver	בונה
Bull	שור
Cat	חתול
Coyote	זאב ערבות
Dog	כלב
Dolphin	דולפין
Elephant	פיל
Fox	שועל
Giraffe	ג'ירפה
Gorilla	גורילה
Horse	סוס
Kangaroo	קנגורו
Lion	אריה
Monkey	קוף
Rabbit	ארנב
Sheep	כבשים
Whale	לוויתן
Wolf	זאב
Zebra	זברה

Math
מתמטיקה

Angles	זוויות
Arithmetic	חשבון
Decimal	עשרוני
Degrees	מעלות
Diameter	קוטר
Equation	משוואה
Exponent	מעריך
Fraction	שבר
Geometry	גאומטריה
Numbers	מספרים
Parallel	מקביל
Parallelogram	מקבילית
Perimeter	היקף
Polygon	מצולע
Rectangle	מלבן
Square	ריבוע
Sum	סכום
Symmetry	סימטריה
Triangle	משולש
Volume	נפח

Measurements
מדידות

Byte	בית
Centimeter	סנטימטר
Decimal	עשרוני
Degree	תואר
Depth	עומק
Gram	גרם
Height	גובה
Inch	אינץ'
Kilogram	קילוגרם
Kilometer	קילומטר
Length	אורך
Liter	ליטר
Mass	מסה
Meter	מטר
Minute	דקה
Ounce	אונקייה
Ton	טון
Volume	נפח
Weight	משקל
Width	רוחב

Meditation
מדיטציה

Acceptance	קבלה
Awake	ער
Calm	רוגע
Clarity	בהירות
Compassion	חמלה
Emotions	רגשות
Gratitude	הכרת תודה
Habits	הרגלים
Happiness	אושר
Kindness	חסד
Mental	נפשי
Mind	מוח
Movement	תנועה
Music	מוזיקה
Nature	טבע
Peace	שלום
Perspective	פרספקטיבה
Silence	שתיקה
Thoughts	מחשבות
To Learn	ללמוד

Music
הקיסומ

Album	מובלא
Ballad	הדלב
Chorus	הלהקמ
Classical	י ִסא ִלק
Eclectic	יטקלקא
Harmonic	ינומרה
Harmony	הינומרה
Lyrical	ירִיל
Melody	הניגנמ
Microphone	ןופורקימ
Musical	רמזחמ
Musician	יאקיזומ
Opera	הרפוא
Poetic	יטאופ
Recording	הטלקה
Rhythm	בצק
Rhythmic	יבצק
Sing	רש
Singer	רמז
Vocal	ילוק

Musical Instruments
הניגנ ילכ

Banjo	ו'גנב
Bassoon	ןוסב
Cello	ול'צ
Clarinet	טנירלק
Drum	ףות
Drumsticks	ףופית תולקמ
Flute	לילח
Gong	גנוג
Guitar	הרטיג
Harmonica	תיחופמ
Harp	לבנ
Mandolin	הנילודנמ
Marimba	הבמירמ
Oboe	בובא
Piano	רתנספ
Saxophone	ןופוסקס
Tambourine	םירמ ףות
Trombone	ןובמורט
Trumpet	הרצוצח
Violin	רוניכ

Mythology
היגולותימ

Archetype	סופיטבא
Behavior	תוגהנתה
Beliefs	תונומא
Creation	הריצי
Creature	רוצי
Culture	תוברת
Deities	םילא
Disaster	ןוסא
Hero	רוביג
Immortality	ח ַצ ֶנ
Jealousy	האנק
Labyrinth	ךובמ
Legend	הדגא
Lightning	קרב
Monster	תצלפמ
Mortal	התומת ןב
Revenge	המקנ
Strength	חוכ
Thunder	םער
Warrior	םחול

Nature
עבט

Animals	תויח
Arctic	יטקרא
Beauty	יפוי
Bees	םירובד
Cliffs	םיקוצ
Clouds	םיננע
Desert	רבדמ
Dynamic	ימניד
Erosion	הקיחש
Fog	לפרע
Foliage	םי ִל ָע
Forest	רעי
Glacier	ןוחרק
Peaceful	וילש
River	רהנ
Sanctuary	טלקמ
Serene	הוולש
Tropical	יפורט
Vital	ינויח
Wild	יארפ

Numbers
םירפסמ

Decimal	ינורשע
Eight	הנומש
Eighteen	רשע הנומש
Fifteen	רשע השימח
Five	שמח
Four	עברא
Fourteen	רשע העברא
Nine	עשת
Nineteen	הרשע עשת
One	דחא
Seven	עבש
Seventeen	הרשע עבש
Six	שש
Sixteen	הרשע שש
Ten	רשע
Thirteen	הרשע שולש
Three	שולש
Twelve	רשע םינש
Twenty	םירשע
Two	םייתש

Nutrition
הנוזת

Appetite	ןובאית
Balanced	ןזואמ
Bitter	רירמ
Calories	תוירולק
Carbohydrates	תומימחפ
Diet	הטאיד
Digestion	לוכיע
Edible	ליכא
Fermentation	הסיסת
Flavor	םעט
Habits	םילגרה
Health	תואירב
Healthy	אירב
Nutrient	ןיזמ
Proteins	םינובלח
Quality	תוכיא
Sauce	בטור
Toxin	ןלער
Vitamin	ןימטיו
Weight	לקשמ

Ocean
סונייקוא

Algae	תוצא
Coral	גומלא
Crab	ןטרס
Dolphin	ןיפלוד
Eel	חפולצ
Fish	גד
Jellyfish	הזודמ
Octopus	ןונמת
Oyster	הפדצ
Reef	תינוש
Salt	חלמ
Shark	שירכ
Shrimp	ספמירש
Sponge	גופס
Storm	הרעס
Tides	לפשו תואג
Tuna	הנוט
Turtle	בצ
Waves	םילג
Whale	ןתיוול

Physics
הקיזיפ

Acceleration	הצואת
Atom	םוטא
Chaos	סואכ
Chemical	ימיכ
Density	תופיפצ
Electron	ןורטקלא
Engine	עונמ
Expansion	הבחרה
Formula	החסונ
Frequency	תורידת
Gas	זג
Magnetism	תויטנגמ
Mass	הסמ
Mechanics	הקינכמ
Molecule	הלוקלומ
Nuclear	יניערג
Particle	קיקלח
Relativity	תוסחי
Universal	ילסרבינוא
Velocity	תוריהמ

Plants
םיחמצ

Bamboo	קובמב
Bean	תיעועש
Berry	ירב
Blossom	החירפ
Botany	הקינטוב
Bush	שוב
Cactus	סוטקק
Fertilizer	ןשד
Flower	חרפ
Foliage	םיִלָע
Forest	רעי
Garden	ןג
Grass	אשד
Grow	לודגל
Ivy	סוסיק
Moss	בחט
Petal	תרתוכ ילע
Root	שרוש
Tree	ץע
Vegetation	הייחמצ

Professions #1
תועוצקמ #1

Ambassador	רירגש
Astronomer	םונורטסא
Attorney	ןיד ךרוע
Banker	יאקנב
Cartographer	ןפרגוטרק
Coach	ןמאמ
Dancer	ןדקר
Doctor	רוטקוד
Editor	ךרוע
Geologist	גולואיג
Hunter	דייצ
Jeweler	ןטישכת
Musician	יאקיזומ
Nurse	תוחא
Pianist	ןרתנספ
Plumber	ברברש
Psychologist	גולוכיספ
Sailor	חלמ
Tailor	טייח
Veterinarian	רנירטו

Professions #2
תועוצקמ #2

Astronaut	טואנורטסא
Biologist	גולויב
Dentist	םייניש אפור
Detective	שלב
Engineer	סדנהמ
Farmer	רכיא
Gardener	ןנג
Illustrator	רייאמ
Inventor	איצממ
Journalist	יאנותיע
Librarian	תינרפס
Linguist	ןשלב
Painter	רייצ
Philosopher	ףוסוליפ
Photographer	םלצ
Physician	אפור
Pilot	סייט
Surgeon	חתנמ
Teacher	הרומ
Zoologist	גולואוז

Psychology
היגולוכיספ

Assessment	הכרעה
Behavior	תוגהנתה
Childhood	תודלי
Clinical	ינילק
Cognition	היצינגוק
Conflict	תושגנתה
Dreams	תומולח
Ego	וגא
Emotions	תושגר
Experiences	תויווח
Ideas	תונויער
Influences	תועפשה
Perception	הסיפת
Personality	תוישיא
Problem	היעב
Reality	תואיצמ
Sensation	השוחת
Therapy	לופיט
Thoughts	תובשחמ
Unconscious	עדומ אל

Rainforest
משג תורעי

Amphibians	דו-חייס
Birds	ציפורים
Botanical	בוטני
Climate	אקלים
Clouds	עננים
Community	קהילה
Diversity	גיוון
Indigenous	ילידי
Insects	חרקים
Jungle	ג'ונגל
Mammals	יונקים
Moss	טחב
Nature	טבע
Preservation	שימור
Refuge	מקלט
Respect	כבוד
Restoration	שחזור
Species	מינים
Survival	הישרדות
Valuable	יקר

Restaurant #1
מסעדה #1

Allergy	אלרגיה
Bowl	קערה
Bread	לחם
Cashier	קופאית
Chicken	עוף
Coffee	קפה
Dessert	קינוח
Food	מזון
Ingredients	מרכיבים
Kitchen	מטבח
Knife	סכין
Meat	בשר
Menu	תפריט
Napkin	מפית
Plate	צלחת
Reservation	הזמנה
Sauce	רוטב
Spicy	חריף
To Eat	לאכול
Waitress	מלצרית

Restaurant #2
מסעדה #2

Appetizer	מתאבן
Cake	עוגה
Chair	כיסא
Delicious	טעים
Dinner	ארוחת ערב
Eggs	ביצים
Fish	דג
Fork	מזלג
Fruit	פירות
Ice	קרח
Lunch	ארוחת צהריים
Noodles	אטריות
Salad	סלט
Salt	מלח
Soup	מרק
Spices	תבלינים
Spoon	כף
Vegetables	ירקות
Waiter	מלצר
Water	מים

Science Fiction
מדע בדיוני

Atomic	אטומי
Books	ספרים
Chemicals	כימיקלים
Cinema	קולנוע
Dystopia	דיסטופיה
Explosion	פיצוץ
Extreme	קיצוני
Fantastic	פנטסטי
Fire	אש
Futuristic	עתידני
Galaxy	גלקסיה
Illusion	אשליה
Imaginary	דמיוני
Mysterious	מסתורי
Oracle	אורקל
Planet	כוכב לכת
Robots	רובוטים
Technology	טכנולוגיה
Utopia	אוטופיה
World	עולם

Scientific Disciplines
דיסציפלינות מדעיות

Anatomy	אנטומיה
Archaeology	ארכאולוגיה
Astronomy	אסטרונומיה
Biochemistry	ביוכימיה
Biology	ביולוגיה
Botany	בוטניקה
Chemistry	כימיה
Ecology	אקולוגיה
Geology	גיאולוגיה
Immunology	אימונולוגיה
Kinesiology	קינסיולוגיה
Linguistics	בלשנות
Mechanics	מכניקה
Mineralogy	מינרלוגיה
Neurology	נוירולוגיה
Physiology	פיזיולוגיה
Psychology	פסיכולוגיה
Sociology	סוציולוגיה
Thermodynamics	תרמודינמיקה
Zoology	זואולוגיה

Spices
תבלינים

Anise	אניס
Bitter	מריר
Cardamom	הל
Cinnamon	קינמון
Clove	ציפורן
Coriander	כוסברה
Cumin	כמון
Curry	קארי
Fennel	שמר
Flavor	טעם
Garlic	שום
Ginger	ג'ינג'ר
Licorice	שוש
Nutmeg	מוסקט
Onion	בצל
Paprika	פפריקה
Saffron	זעפרן
Salt	מלח
Sweet	מתוק
Vanilla	וניל

Sport
ספורט

Ability	יכולת
Athlete	ספורטאי
Body	גוף
Bones	עצמות
Cardiovascular	לב וכלי דם
Coach	מאמן
Dancing	ריקוד
Diet	דיאטה
Endurance	סיבולת
Goal	מטרה
Health	בריאות
Jogging	ריצה
Maximize	למקסם
Metabolic	מטבולי
Muscles	שרירים
Nutrition	תזונה
Program	תכנית
Sports	ספורט
Strength	כוח
To Swim	לשחות

The Company
החברה

Business	עסקים
Creative	יצירתי
Decision	החלטה
Employment	תעסוקה
Industry	תעשייה
Innovative	חדשני
Investment	השקעה
Possibility	אפשרות
Presentation	מצגת
Product	מוצר
Professional	מקצועי
Progress	התקדמות
Quality	איכות
Reputation	מוניטין
Resources	משאבים
Revenue	הכנסות
Risks	סיכונים
Trends	מגמות
Units	יחידות
Wages	שכר

The Media
התקשורת

Advertisements	פרסומות
Attitudes	עמדות
Commercial	מסחרי
Communication	תקשורת
Digital	דיגיטלי
Edition	מהדורה
Education	חינוך
Facts	עובדות
Funding	מימון
Images	תמונות
Industry	תעשייה
Intellectual	אינטלקטואלי
Local	מקומי
Magazines	מגזינים
Network	רשת
Newspapers	עיתונים
Online	מקוון
Opinion	דעה
Public	ציבור
Radio	רדיו

Time
זמן

Annual	שנתי
Before	לפני
Calendar	לוח שנה
Century	מאה
Clock	שעון
Day	יום
Decade	עשור
Early	מוקדם
Future	עתיד
Hour	שעה
Minute	דקה
Month	חודש
Morning	בוקר
Night	לילה
Noon	צהריים
Now	עכשיו
Soon	בקרוב
Today	היום
Week	שבוע
Year	שנה

Town
העיר

Airport	שדה תעופה
Bakery	מאפייה
Bank	בנק
Bookstore	חנות ספרים
Cinema	קולנוע
Clinic	מרפאה
Florist	פרחים
Gallery	גלריה
Hotel	מלון
Library	ספרייה
Market	שוק
Museum	מוזיאון
Pharmacy	בית מרקחת
School	בית ספר
Stadium	אצטדיון
Store	חנות
Supermarket	סופרמרקט
Theater	תיאטרון
University	אוניברסיטה
Zoo	גן חיות

Universe
יקום

Asteroid	אסטרואיד
Astronomer	אסטרונום
Astronomy	אסטרונומיה
Atmosphere	אווירה
Celestial	שמימי
Cosmic	קוסמי
Darkness	חושך
Eon	נֶצַח
Galaxy	גלקסיה
Hemisphere	המיספרה
Horizon	אופק
Latitude	קו רוחב
Moon	ירח
Orbit	מסלול
Sky	רקיע
Solar	שמש
Solstice	היפוך
Telescope	טלסקופ
Visible	גלוי
Zodiac	גלגל המזלות

Vacation #2

שפונ #2

Airport	הפועת הדש
Beach	ףוח
Camping	גניפמק
Destination	דעי
Foreigner	רז
Holiday	גח
Hotel	ןולמ
Island	יא
Journey	עסמ
Leisure	יאנפ
Map	הפמ
Mountains	םירה
Passport	ןוכרד
Restaurant	הדעסמ
Sea	םי
Taxi	תינומ
Tent	להוא
Train	תבכר
Transportation	הרובחת
Visa	הזיו

Vegetables

תוקרי

Artichoke	קושיטרא
Broccoli	ילוקורב
Carrot	רזג
Cauliflower	תיבורכ
Celery	ירלס
Cucumber	ןופפלמ
Eggplant	ליצח
Garlic	םוש
Ginger	ר'גנ'ג
Mushroom	היירטפ
Onion	לצב
Parsley	היליזורטפ
Pea	הנופא
Pumpkin	תעלד
Radish	ןונצ
Salad	טלס
Shallot	תולאש
Spinach	דרת
Tomato	הייגבנע
Turnip	תפל

Vehicles

בכר ילכ

Airplane	סוטמ
Ambulance	סנלובמא
Bicycle	םיינפוא
Boat	הריס
Bus	סובוטוא
Car	תינוכמ
Caravan	ןאוורק
Ferry	תרובעמ
Helicopter	קוסמ
Motor	עונמ
Raft	הדוספר
Rocket	הטקר
Scooter	קטנוע
Shuttle	תועסה
Submarine	תללוצ
Subway	תיתחת תבכר
Taxi	תינומ
Tires	םיגימצ
Tractor	רוטקרט
Truck	תיאשמ

Weather

ריווא גזמ

Atmosphere	הריווא
Breeze	ח·ור
Climate	םילקא
Cloud	ןנע
Drought	תרוצב
Dry	שבי
Fog	לפרע
Hurricane	ןקירוה
Ice	חרק
Lightning	קרב
Monsoon	ןוסנומ
Polar	בטוקה
Rainbow	תשק
Sky	עיקר
Storm	הרעס
Temperature	הרוטרפמט
Thunder	םער
Tornado	ודנרוט
Tropical	יפורט
Wind	חור

Congratulations

You made it!

We hope you enjoyed this book as much as we enjoyed making it. We do our best to make high quality games.
These puzzles are designed in a clever way for you to learn actively while having fun!

Did you love them?

A Simple Request

Our books exist thanks your reviews. Could you help us by leaving one now?

Here is a short link which will take you to your order review page:

BestBooksActivity.com/Review50

MONSTER CHALLENGE!

Challenge #1

Ready for Your Bonus Game? We use them all the time but they are not so easy to find. Here are **Synonyms**!

Note 5 words you discovered in each of the Puzzles noted below (#21, #36, #76) and try to find 2 synonyms for each word.

Note 5 Words from *Puzzle 21*

Words	Synonym 1	Synonym 2

Note 5 Words from *Puzzle 36*

Words	Synonym 1	Synonym 2

Note 5 Words from *Puzzle 76*

Words	Synonym 1	Synonym 2

Challenge #2

Now that you are warmed-up, note 5 words you discovered in each Puzzle
noted below (#9, #17, #25) and try to find 2 antonyms for each word.
How many lines can you do in 20 minutes?

Note 5 Words from *Puzzle 9*

Words	Antonym 1	Antonym 2

Note 5 Words from *Puzzle 17*

Words	Antonym 1	Antonym 2

Note 5 Words from *Puzzle 25*

Words	Antonym 1	Antonym 2

Challenge #3

Wonderful, this monster challenge is nothing to you!

Ready for the last one? Choose your 10 favorite words discovered in any of the Puzzles and note them below.

1.	6.
2.	7.
3.	8.
4.	9.
5.	10.

Now, using these words and within a maximum of six sentences, your challenge is to compose a text about a person, animal or place that you love!

Tip: You can use the last blank page of this book as a draft!

Your Writing:

Explore a Unique Store
Set Up **FOR YOU!**

MEGA DEALS

BestActivityBooks.com/**TheStore**

Designed for Entertainment!

Light Up Your Brain With Unique **Gift Ideas**.

Access **Surprising** And **Essential Supplies!**

CHECK OUT OUR MONTHLY SELECTION NOW!

- Expertly Crafted Products -

NOTEBOOK:

SEE YOU SOON!

Linguas Classics Team

BESTACTIVITYBOOKS.COM/FREEGAMES